빅블러 시대

유통 물류 글로벌 미래비전

도서
출판 **범한**

Prologue

1. 빅블러

2. 유통

5. 미래비전

Epilogue

Prologue

코로나^{corona} 팬데믹^{pandemic} 으로 미래가 성큼 왔다.
4차 산업혁명이 속도를 더하면서
비즈니스에서 '빅블러'^(Big Blur) 현상이 가속화되고 있다.
'블러'란 경계가 희미해지는 것을 말한다.

세상이 초연결 사회로 진화하면서 기존에 존재하던 모든 것들이 융합되고, 과거 명확했던 경계가 무너지고 있음을 실감하게 된다. 사람과 기계(AI), 제조와 서비스, 생산자와 소비자, 현실과 가상세계, 전통적 서비스 산업과 빅테크 기업간의 경계가 허물어지고 있다. 코로나 이후 빅테크 기업들이 약진하고 있고, 우리는 이제 빅블러 시대에 본격 진입한 것으로 해석할 수 있다. 빅블러 시대가 주는 시사점은 다음과 같다.

첫째, 온라인과 오프라인의 경계가 희미해진다. 2020년 한국 소매시장의 30% 정도를 점유하던 이커머스가 이제 40%를 향해 달려가고 있다. 기업형 소매업의 경우는 세계 최초로 50% 이상을 이커머스가 담당하기 시작했다. 세계 최초이며, 최고 수준이다. 오프라인에서 구매가능한 모든 제품과 서비스가 스마트 폰 앱으로 구현되면서 우리 앞에 충격적 미래가 시작된 것이다. 30년전 미래학에서 가상 시나리오로 제시되었던 수치가 이미 실현된 것이다. O2O와 O4O와 같은 서비스가 확산되면서 아마존, 구글, 네이버, 카카오와 같은 빅데이터 기반의 빅테크 기업들이 기존의 소매산업을 잠식하고 있다. 카카오 뱅킹과 같은 핀테크 기업들이 등장하면서 금융산업에도 빅테크 기업들이 진입하고 있다.

둘째, 소매업의 정체성이 근본적으로 변화한다. 이제 단순 상품 판매업으로는 버티기 힘든 시대가 왔다. 아마존처럼 소비자의 라이프 스타일을 지배하는 배달업이 향후 소매업이 향하고 있는 목적지이다. 식품, 의류, 헬스케어, 콘텐츠를 융합하고 초개인화 맞춤식 서비스를 제공하는 새로운 성공 방정식을 만들어가야만 지속성장이 가능하다. 과거 수 만년동안 소매업의 성공공식인 오프라인 매장의 위치와 크기는 이제 더 이상 유효하지 않다.

2021년 3월 한국에서 10조원의 가치로 평가받고 있었던 쿠팡이 미국 상장에 성공했다. 세계에서 가장 오래된 주식 거래시장인 뉴욕증권거래소(NYSE) 즉 월스트리트(Wall Street)에서 100조원, 한국 시총 3위 규모기업으로 재탄생되었다. 10조원과 100조원. 차이가 엄청나다. 쿠팡에 대한 미래 가치를 여의도보다 10배 더 낙관적으로 보는 월스트리트 프리미엄은 어디서 발생한 것인가? 해답은 아마존(Amazon) 연상 효과이다. 쿠팡의 이번 상장은 미국의 투자업계에서 '한국의 아마존은 쿠팡' 이라는 사실을 확인시켜주는 자리였다.

아마존은 1995년 시애틀에서 인터넷 북 스토어로 출발하여 1997년 나스닥에 상장한 이후 20년동안 주가가 무려 500배 상승한 기록을 가지고 있다. 미국 대표 빅테크 기업이자 세계 최대 소매, 물류기업이다. 영국과 일본에서도 이커머스 업계 1위를 고수하고 있다. 이 같은 성과는 '고객 집착증 환자'라는 별명을 얻을 정도로 고객과 비즈니스 혁신에 몰두한 제프 베조스 창업자의 '고객가치' 경영에서 비롯된 것이다.

쿠팡은 특히 아마존 풀필먼트를 모방한 '로켓 제휴'로 미래 가치를 크게 인정받은 것으로 분석된다. 풀필먼트(Fulfillment)란 이커머스가 급성장하면서 진화된 제4자 물류라고 불리는 새로운 물류 서비스이다. 이제는 유통과 물류가 블러되어 유통이 물류 되고, 물류가 유통되는 미래형 소매서비스 산업이 탄생되고 있다.

셋째, 한국 소비시장에서 주력 소비자의 세대 교체가 발생하고 있다. 한국은 이미 생산가능인구수가 감소하고 있고 중산층 비율이 줄고 있는 축소시장이다. 특히 50~70세에 해당되는 약 1500만명의 한국 베이비부머 소비 세대는 백화점과 대형마트를 성장시킨 주역이지만 이들의 구매력과 소비열망이 급격히 위축되고 있다. 이제 한국 소비시장은 20~30대 밀레니얼 Z 세대 소비자들이 주력으로 등장했다. 이들은 스마트 폰으로 쇼핑에 익숙한 디지털 네이티브들이다. 이들이 찾지 않는 오프라인 소매 매장의 쇠퇴는 불가피하다.

본서는 빅블러 시대에 진입한 한국에서 살고 있는 '한국인들의 비즈니스 센스와 미래 지향성을 높인다'는 미션을 가지고 4명의 전문가가 힘을 합쳐 만들어낸 유통/물류 참고 도서이다. 부디 독자 여러분들께서 4차 산업 혁명의 높은 파도를 기꺼이 즐기시기 바란다. 그리고 빅블러 시대를 이해하는 데 이 책이 조금이나마 도움이 되기를 기도한다.

2021년 6월

서 용 구

빅블러 시대
유통 물류 글로벌 미래비전

1

빅블러
Big Blur

①

빅블러 (Big Blur)

빅블러 (Big Blur)는 '경계융화가 일어나는 현상'을 의미한다. 하나의 시대적 흐름이다. 비즈니스 영역에서 주요 경계가 사라지고 있다. 사는 자와 파는 자, 작은 것과 큰 것, 만질 수 있는 것과 없는 것, 서비스와 제품, 오프라인과 온라인의 경계가 융화되고 있다. 다양한 혁신과 새로운 흐름이 곳곳에서 일어나고 있다. 마스크가 패션으로 진화되면서 '빅블러' 되는 등, 다양하고 새로운 혁신들을 알아보자.

1) 인류의 필수품, 마스크의 진화

세상이 빠르게 변하면서 기존의 경계가 뒤섞이는 빅블러 시대에 일반인들도 부자 될 수 있을까? 돈 되는 비즈니스라면 누구나 관심이 간다. 삼성전자의 반도체 사업, LG화학의 전기차 밧데리 사업, 친환경 에너지 사업, 수소, 태양광 등 누구나 하고 싶지만 보통사람은 접근조차 쉽지 않다. 5G시대 로봇과 인공지능이 대중화되면서 기술이 점점 고도화되고 보통사람이 부자가 되기는 점점 어려워진다. 부익부 빈익빈은 시나브로 심화된다. 부자가 천국에 가는 것이 낙타가 바늘귀에 들어가는 것보다 어렵다는 말이 있다. 계층 이동 사다리가 끊어진 지금, 천국은 둘째 치고, 부자 되기도 어렵다. 개천에서 용이 못 나오게 아예 개천이 없다. 세상의 변화 속도를 따라갈 수 없는 요즘 일반인이 준비해서 부자 될 아이템이 아직 있을까? 이제는 누구나 일상이 된 마스크는 어떨까? 미세먼지를 차단하던 마스크는 크게 바뀌고 있다. 지금도 진행중인 코로나19 확산으로 마스크의 수요가 폭발적으로 증가했고, 지금은 대부분의 가정에서 몇 개월 치 마스크를 집에 비치하고 있다. 최근 다양한 색상과 모양의 마스크가 증가하고 있다. 처음에는 대부분 흰색 마스크만 있었는데 다양한 색상과 재질의 마스크가 생산 판매 중이다. 이제 마스크는 생활 방역에서 패션으로 변신 중이다!

〈이미지 1-1-1 인류의 필수품, 마스크 패션으로 진화〉

마스크는 바이러스, 세균, 먼지로부터 우리의 호흡기를 보호하는 것이 주 목적이다. 그런데 이제는 목적성을 넘어 액세서리의 일부가 되었다. 마스크 분실을 막고 편리한 보관을 위해 마스크 양쪽 귀걸이 부분에 끈을 연결하여 목걸이 형태로 사용하는 사람들이 많아졌다. 이제 마스크는 목걸이, 반지, 팔찌, 벨트, 발찌, 가방 등 그 어떤 액세서리보다 강력한 신체의 부위, '얼굴'을 꾸밀 수 있게 되었다. 마스크는 이제 패션 액세서리가 되어 간다. 누구나 남들과 다르게 보이려는 욕구가 있고 멋진 패션은 나를 자신감 있게 만든다. 패션은 비즈니스 전략이 될 수 있다. 상대방에게 주는 나의 첫 인상과 이미지는 매우 중요하다. 남들과 다르고 뛰어나 보이고 싶은가? 그렇다면 액세서리가 된 마스크를 주목하라. 특별한 마스크는 나와 다른 사람을 차별화하고, 나를 돋보이게 하여 보다 관심 받게 하고 더욱 잘 기억나게 할 것이다.

요즘 사람들은 패션으로 자신을 표현한다. 최신 트렌드, 유행에 뒤처지지 않고 감각적인 스타일을 다양하게 노출하고 싶어한다. 현재 자신의 모습과 감정을 스포티하게, 러블리하게, 쉬크하게, 댄디하게, 모던하게, 클래식하게 란제리 느낌의 시스루룩 등등 얼굴 다른 것처럼 표현하는 방법도 각양각색 다 다르다. 패션 의류 이외에 가방, 신발, 장갑, 목도리, 안경처럼 기능성 패션 아이템이 있다. 이제 마스크도 기능성 패션 아이템이 되고 있다.

마스크가 기능성 패션 아이템으로 자리잡게 되면 이제 마스크로 사회적 지위, 자신의 능력, 품위를 보여줄 수 있게 될 것이다. 마스크는 얼굴을 덮는다. 그 어떤 액세서리보다 강력한 노출과 집중과 관심을 받게 될 것이다. 벌써 인도에서는 다이아몬드, 황금 마스크가 뉴스로 보도되기도 하였다. 사람들은 학벌을 보여주기 위해 동문회에 가고, 돈을 보여주기 위해 명품을 걸치고, 하는 일을 자랑하기 위해 제복을 입고 명찰과 배지를 단다. 편리한 기능과 디자인을 모두 갖춘 마스크는 가격이 조금 비싸더라도 큰 인기를 얻게 될 것이다. 비슷한 크기의 가방인데 동대문에서는 5만원인데 명품 가방은 100배의 가격인 500만원 이상에도 판매되는 것처럼, 같은 마스크인데도 어떤 기능과 어떤 디자인을 가졌는지가 명품 마스크가 되는 중요한 포인트가 될 것이다.

전세계적으로 다양한 재질과 형태의 마스크가 생산되고 있다. 마스크로 성공하려면 기능과 패션 두 마리 토끼를 모두 잡아야 한다. 마스크 기능으로는 눈, 코, 입, 얼굴 4가지 포인트에 기능을 가져야 한다. 눈은 안경 김서림을 방지하고, 코는 숨쉬기 편안하면서 비말감염을 예방해야 한다. 입은 립스틱 등 화장품이 묻어나지 않아야 하고 얼굴은 잘 보일수도 있고 안보일수도 있는 선택형이 좋다. 서양에서는 얼굴이 안보이는 것을 범죄자처럼 민감하게 생각한다. 마스크 패션은 규정하기 어렵다. 하지만 패션의 완성은 얼굴이다. 사람의 몸에서 제일 관심이 가는 곳이 어디인가? 역시 얼굴이다. 마스크는 복장과 함께 코디되어 전체적으로 나를 멋지게 꾸밀 수 있는 중요한 패션 아이템이 되었다. 만약, 패션과 기능을 모두 잡았다면 마지막으로 신경 써야 할 부분은 가격이다. 가격까지 적절하다면 반드시 성공한다! 현재 실용적인 K94 마스크를 누구나 400원 내외면 쉽게 살 수 있다. 현재 대중화된 마스크는 기능과 가격만 강조되어 있다. 남들과 다른 차별성을 가지는 패션 마스크의 시대를 준비하여야 한다.
(이상엽 책사)

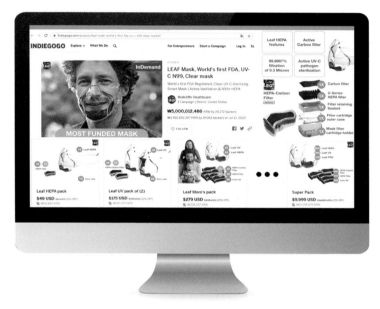

(출처: Indiegogo)

〈이미지 1-1-2 크라우드 펀딩으로 50억 넘게 투자 받은 마스크〉

2) 자영업 생존은 이것에 달렸다. 무인 키오스크

무인 키오스크가 폭발적으로 증가하고 있다! 인구는 점점 감소하고 공실은 계속 증가한다. 결국 가난한 건물주가 생겨난다. 최저임금도 곧 1만원을 넘어 중소기업은 직원을 쉽게 채용하지 못하고, 로봇이나 시스템이 그 자리를 대체할 것이다. 40~50대 퇴직자들은 점점 증가하고, 40~50대 중심의 가족 사업이나 개인 사업자가 늘어날 수밖에 없다. 또 대학생의 정규직 취업도 계속 어려워지고 20~30대 창업과 프리랜서가 급격히 증가할 것이다. 참으로 안타까운 현실이다. 나이가 많든 적든 부자든 가난하든 결국 오프라인 매장에서 무인 키오스크를 사용할 것이고 그 수요는 계속해서 크게 증가할 것이다.

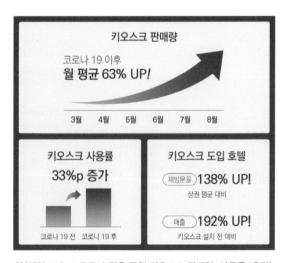

〈이미지 1-2-1 코로나 전후 무인 키오스크 판매량, 사용률, 효과〉

코로나19로 오프라인 매장(자영업) 폐업이 크게 증가하고 있다. 매장의 생존 여부가 직원을 쓰고 안쓰고의 차이로 결정된다. 승강기 운전원(엘리베이터 걸), 버스안내원(버스안내양) 직업이 없어진 것처럼 계산원(캐셔)도 점차적으로 없어지고 그 곳에 무인 키오스크가 대체될 것이다. 빠르게 변화하는 기업만 살아남을 수 있다. 예전의 리즈 시절은 빨리 잊어라. 코로나가 끝나면 괜찮아질꺼라는 기대도 버려라. 코로나 이전 시대는 다시 돌아오지 않는다. 코로나로 4차산업혁명과 5G 시대가 크게 앞당겨졌다. 지금 3G시대 지하철에서 보던 무가지 신문으로 지역 정보를 다시 볼 사람이 있겠는가? 요즘은 휴대폰으로 중고거래를 하고 있다.

경제주력인구와 최저인금의 변화를 아래표로 설명하면, 약 25년 전 1996년은 1956년생이 40세가 되는 시점이다. 2021년 현재 나이는 만65세이다. 1956년에는 71만1천명이 출생했다는 뜻이다. 경제주력인구는 만 40세~55세의 출생인구를 더한 수인데 직장에서는 과장급 이상, 차장, 부장, 임원이고 소상공인 사장 혹은 중소기업의 대표일수도 있고, 이들은 집도 사고, 차도 끌고, 아이도 키우고, 골프도 치는 등 우리나라 소비의 주체이다. 합산 숫자가 몇 년전에 피크를 이루고 2021년 -1% 줄어 들었다. 이후 5년 후 -11%, 10년 후 -21%, 20년 후 -29% 급격히 하락하며, 약

35년 뒤에는 경제주력 인구가 반토막이 난다. 생산된 물건을 사줄 사람이 국내에는 반으로 줄어든다는 무서운 의미이다.

기준	40세시점	출생연도	2021년 나이	출생인구	경제 주력 인구	
25년전	1996년	1956년	65	711	만40세~55세 출생인구를 더한 수	
20년전	2001년	1961년	60	804		
15년전	2006년	1966년	55	953		
10년전	2011년	1971년	50	1025	14,103	-5%
5년전	2016년	1976년	45	796	14,846	0%
현재	2021년	1981년	40	867	14,650	-1%
5년후	2026년	1986년	35	636	13,299	-11%
10년후	2031년	1991년	30	709	11,813	-21%
15년후	2036년	1996년	25	691	11,289	-24%
20년후	2041년	2001년	20	555	10,572	-29%
25년후	2046년	2006년	15	448	9,729	-35%
30년후	2051년	2011년	10	471	8,482	-43%
35년후	2056년	2016년	5	406	7,439	-50%

〈이미지 1-2-2 우리나라 출생인구 기준 경제주력인구 변화〉

최저임금은 2021년 시급 8,720원 (월급 약 182만원)인데 10년 전에는 4,320원(90만원대)으로 절반이 안 되었고 20년 전에는 1,895원으로 절반에 절반도 안 되었다. 10년마다 최저임금은 약 2배씩 증가하고 있고 전세계적으로 최저임금이 줄어든 사례는 없었다. 구매 인구는 급격히 줄어들고 최저 임금은 점점 늘어나면서 무인 키오스크를 더욱 활성화시킬 것이다.

연도	최저임금시급	최저임금월급	연도	최저임금시급	최저임금월급
2001	1,895	396,055	2012	4,580	957,220
2002	2,100	438,900	2013	4,860	1,015,740
2003	2,275	475,475	2014	5,210	1,088,890
2004	2,510	524,590	2015	5,580	1,166,220
2005	2,840	593,560	2016	6,030	1,260,270
2006	3,100	647,900	2017	6,470	1,352,230
2007	3,480	727,320	2018	7,530	1,573,770
2008	3,770	787,930	2019	8,350	1,745,150
2009	4,000	836,000	2020	8,590	1,795,310
2010	4,110	858,990	2021	8,720	1,822,480
2011	4,320	902,880			

〈이미지 1-2-3 우리나라 20년간 최저인금 변화〉

40대 이후 대부분이 앞으로도 모바일 결제를 잘 사용 안 할 것이다. 모바일 결제를 하는 비율이 조금씩 증가하고는 있지만, 50대 이후는 20%를 넘기기 힘들고 80% 이상은 온라인으로 결제를 앞으로도 잘 안 할 것이다. 모바일 결제를 많이 하는 20대~30대도 50%에 머무르는 있고 2명 중 1명은 아직도 모바일 결제를 꺼리고 있는 것으로 확인된다. 그 이유는 모바일 결제가 아직까지는 개인정보 도용의 위험이 있다고 생각하기 때문이다. 모바일 결제가 아직 위험하다고 생각하는 사람들은 기존의 오프라인 매장의 결제방식인 신용카드로 결제를 하고 영수증이 나오는 형태인 무인 키오스크를 꾸준히 선호할 것이다.

최근 무인 키오스크란 핵심 아이템을 공통점으로 단군 이래 가장 빠르게 2년 안에 약 3,000여개 매장이 오픈한 인기 업종들이 있다. 바로 '무인아이스크림가게'와 '스터디카페'이다. 특히 '스터디카페'는 국내 2015년경 처음 생겼는데, 2020년말 기준 약 4,000여개 넘게 있으며, 2019년 12월 기준 약 1,514개 정도였는데 불과 1년 만에 3,000여개가 늘었고 현재도 매달 200~300개씩 꾸준히 늘고 있다.

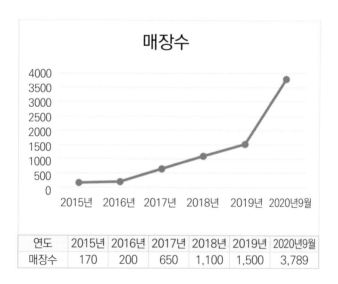

연도	2015년	2016년	2017년	2018년	2019년	2020년9월
매장수	170	200	650	1,100	1,500	3,789

〈이미지 1-2-4 우리나라 스터디카페 연도별 매장수 변화〉

현재도 무인 키오스크에서 온도체크, 얼굴인식, 지문인식 입출입 통제는 기본이고 온라인 주문 및 영수증 출력이 가능하다. 제품이 있는 무인공간에 허가된 사람 혹은 신원이 확인된 사람만 입장하여, 제품 체험공간으로 활용하고, 신용카드로 무인 키오스크에서 구매하고 영수증을 받아서 집으로 제품을 배송 받을 수 있다. 해당 무인 공간은 아파트 상가내 위치하며 동네 아주머니들이 커피도 한잔 마시면서 제품도 체험하고 구매하면서 모이는 수다 공간, 옛날 동네 방앗간처럼 사용될 확률이 높다. 아파트 단지내 "스터디 카페"가 무인 신제품 체험 및 판매 공간으로 진화할 것이다. 지금도 미바라운지 스터디카페는 화장품과 석류를 진열하고 아파트 단지내 주민을 대상으로 체험과 판매를 시도하고 있다. 롯데리아는 코로나19로 키오스크를 터치하지 않아도 손가락만 근처에 가지고 가면 인식하는 키오스크를 사용하고 있다. 이미 80년대부터 일본에 무인 러브호텔이 있었다. 자판기 형태의 무인 사업이 점점 ICT와 연계 진화되면서 커피숍, 아이스크림, 세탁소, 노래방, 편의점, 마트, 독서실 등 그 확산세가 장난이 아니다. 곧 국내 유니콘 기업으로 공간공유업에서 나올 것 같다. 10대부터 80대까지 모든 연령층이 쉽게 사용할 수 있는 무인 시설, 비대면 공유 공간, 앞으로의 우리 미래는 우리와 가까운 곳에서 찾아야 한다.(이상엽 책사)

3) 유튜버가 연예인 된다! 광고주와 유튜버의 역학관계

다중 채널 네트워크(이후 MCN)은 유튜브 스타들의 기획사를 뜻한다. MCN은 유튜브 생태계에서 탄생했다. 유튜버가 연예인보다 더 인기가 높아지고 큰 수익을 내는 채널이 많이 생기자, 이들을 묶어 관리해주는 곳이 필요하게 되었고 이것을 MCN이라고 한다. MCN이 하는 일은 제품, 기획, 결제, 프로모션, 거래처 관리, 저작권 관리, 수익 창출, 판매 및 잠재고객 관리 등이다. 한마디로 정리하면 콘텐츠 제작하는 유튜브 스타를 전반적으로 지원하는 역할이다.

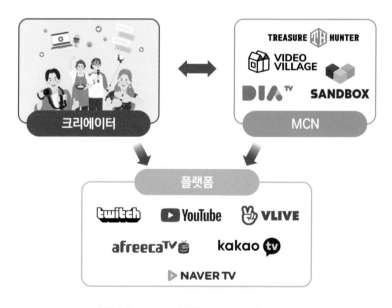

〈이미지 1-3-1 크리에이터, MCN, 플랫폼 관계〉

미국의 대표적인 MCN이였던 메이커스튜디오는 디즈니에 10
억달러(1조원)에 인수되었지만 수익다각화 없이 조회수 수익
에만 의존하다 2018년에 파산하였다. 어썸니스TV는 드림웍스
에 3300만달러(350억)에 인수되었다. 국내에는 다이아TV(CJ
E&M), 샌드박스, 트레져헌터 등이 있다. 국내외 대형 MCN들
은 적자이거나 2018년이후 파산한 기업들이 늘고 있어서 플랫
폼으로의 진화가 시급하다.

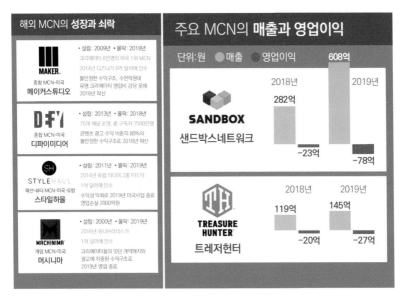

〈이미지 1-3-2 해외 MCN의 성장과 쇠락과 국내 MCN 매출과 이익〉

최근 유튜버와 광고주인 기업을 매칭해주는 플랫폼이 성행하고
있다. 크레브, 뉴띵, 앤콘, 다이아픽 등이다. 광고주와 유튜버를

연결하는 플랫폼 중 가장 광고주와 유튜버를 많이 보유하고 빠르게 성장하고 있는 플랫폼은 '크레브(creve.co.kr)'이다. 광고주 13,000여개, 유튜버 20,000여명이 가입되어 있고 빠르게 성장하고 있다. 크레브는 유튜버가 찍고 싶은대로 찍고, 소재부터 영상 편집 소스까지 제공하는 것이 특징이다. 2019년 7월 오픈하였다. CJ ENM, 대기업 계열사인 '다이아TV', 자산운용사로부터 400억 투자유치 받은 '샌드박스', SK 텔레콤 등 투자사에서 279억 투자유치 받은 '트레저헌터'와는 전혀 다르게 숭실대 스타트업으로 허정발 디노스튜디오 대표가 크레브를 구축하였다. 기존 MCN과 비슷한 일을 하지만, 사용자(유튜버, 광고주) 중심으로, 온라인 매칭 시스템을 플랫폼 형태로 자동화하였다.

	대상	온라인 협찬 매칭	편집자	편집 소스 제공	유튜버 수	유튜버 차별성	광고주 차별성
CREVE	유튜버	O	O 예칭	O	20,000명	유튜버에게 필요한 제품을 유튜버가 직접 선택	저비용으로 광고 효과 발생
업계 1위 DIA TV	유튜버	X 소속사 방식	O 대행	O 유원	896명	브랜드 소속감 메인유튜버 수익분할	고비용으로 상위 유튜버 광고진행
업계 2위 SANDBOX	유튜버	X 소속사 방식	O 대행	X	328명		
REVU	블로그/인스타 유튜버	O	X	X	비공개	유튜버 콘텐츠 컨셉 유지 불가	중간비용으로 중간급 유튜버 광고진행
uconnec	유튜버	O	X	X	2,227명		
SAMSUNG Fit My Marketing	블로그/인스타 유튜버	O	X	X	비공개		

〈이미지 1-3-3 숭실대 스타트업, 디노스튜디오 허정발 대표와 국대 MCN 비교표〉

광고주와 유튜버 매칭 플랫폼은 이용 가격이 낮아야 성공한다. 일반적인 유튜버 매칭 플랫폼은 광고주에게 유튜버 1명을 매칭

하는 비용으로 25~30만원 정도를 받는다. '크레브'도 처음에는 25만원을 받다가 7만원대로 크게 낮췄다. 저렴한 가격이 업계 선두권을 유지하는 비결이다. '크레브'는 최근 시드 투자유치와 TIPS과제로 선정되어 11억 투자를 받았다. 현재 7만원을 받고 있는 매칭 비용도 무료 서비스로 전환할 계획이다. 무료 서비스 전환을 통해 국내 최대 기업과 유튜버를 매칭하는 플랫폼으로 성장려고 한다. 카카오톡과 네이버 이메일을 유료로 했다면 사람들이 지금처럼 많이 쓸까? 이제는 무료로 서비스를 전환할 때이다.

〈이미지 1-3-4 유튜버(크레브) + 광고주(크라운드) 매칭 솔루션〉

플랫폼은 신뢰를 기반으로 '기업과 유튜버' 사용자 모두 만족해야 한다. 유튜버는 콘텐츠의 본질을 지키면서 제품을 협찬 받을 수 있어서 좋고, 광고주는 저렴한 가격으로 다양한 유튜버들에게 홍보용 영상 콘텐츠를 제공받을 수 있어서 좋다. 인스타그램,

블로그에서 통상 3~5만원 정도 원고료를 받는 것을 감안하면 유튜버 매칭 플랫폼의 매칭 수수료 수입은 5만원 정도가 적절한 가격이다. 유튜버 매칭 플랫폼은 궁극적으로는 광고 수익을 만들어서 매칭 수수료는 없애야 한다. 회원수를 수십~수백만명으로 증가시키고 글로벌 서비스를 제공하여 모두가 좋아하는 플랫폼으로 성장해야 한다.

실제 운영되는 순서는 다음과 같다. 광고주가 이벤트 제품 공지를 올리면, 유튜버 매칭 플랫폼에서 조건에 맞는 유튜버들을 찾아내서 스팸이 되지 않게 1:1 맞춤형으로 이메일, 문자 등을 통해 이벤트 내용을 공지한다. 유튜버들이 해당 공지를 보고 본인과 맞는 컨텐츠 제품인지 경품 내용이 마음에 드는지 최종 확인 후 신청한다. 광고주들이 신청한 유튜버들이 성실하게 작성해줄 수 있는 유튜버인지, 유튜버 계정에서 기존에 올린 영상 등을 검증하고 수락한다. 이후 광고주와 유튜버가 매칭이 되면 제품 발송기한, 콘텐츠 제작기한, 콘텐츠 업로드 완료 확인 등 타임 스케줄에 맞춰 양쪽 모두에게 이메일, 문자 등으로 알림을 한다. 유튜버 매칭 플랫폼에서 제공하는 가상번호로 서로 연락도 가능하다. 이벤트 제품의 특징, 노출할 문구와 이미지, 영상, 링크 등을 플랫폼 내에서 협의하기 용이하게 되어 있다.

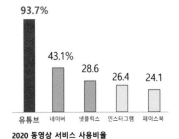

1위 **1인크리에이터(유튜브/bj영상)**
2위 TV프로그램
3위 스트리밍 음악
4위 웹 예능
5위 신문/뉴스

2020 동영상 서비스 사용비율
자료 : 2020.4인터넷 이용자 조사'(NPR, Netizen Profile Research) 나스미디어

코로나19로 인해 이용 빈도가 높아진 콘텐츠 Top5
자료 : 2020 대학내일

〈이미지 1-3-5 동영상 서비스 사용 비율과 콘텐츠 Top5〉

유튜브는 당분간 지속적으로 계속 성장할 것이다. 현재 유튜브에서 수익을 받는 유튜버는 4,000시간을 노출하고 구독자 1,000명 이상이 되어야 한다. 국내 유튜버 중에 약 8만 명이 해당된다. MCN에 소속된 약 5%의 유튜버에게만 인당 300~8,500만원까지 광고비가 집중되고 있다. 이제 곧 광고주들은 더 저렴하고 효과가 좋은 유튜버 매칭 플랫폼을 통해 나머지 95%의 유튜버에 주목할 것이다. 비대면 매칭 시스템으로 편의성도 좋고 가성비도 좋아서 기업과 유튜버의 매칭 플랫폼은 당분간 계속 큰 성장이 기대된다.(이상엽 책사)

4) 자의 마케팅과 타의 마케팅, 서비스 지식이
세상을 이끈다.

자의 마케팅에 대해서 알고 있는가? 자의 마케팅은 어디서든 쉽게 배우기 어려운 정말 중요한 현장 경험 지식이다. 저자는 해당 지식을 우연히 깨닫고 이랜드에서 삼성전자로 연봉을 몇배 높여 이직하는 계기를 가지게 되었다.

자의(自意) 마케팅과 타의(他意) 마케팅을 구분하고 이해하면 마케팅 효율을 극대화할 수 있다. 자의 마케팅은 고객 자신의 의지로 마케팅에 참여하는 것으로, 타인의 권유로 억지로 하는 타의 마케팅과 서로 상반되는 개념이다. 저자는 실제 판매 현장에서 자의 마케팅과 타의 마케팅을 경험했다. 백화점 1층 에스컬레이터에서 3단으로 접히는 홍보지를 나눠주었다. 하지만 거의 수백명의 고객 중 십여명이 받아갈 정도로 거의 받지 않았다. 약 1시간 뒤 지나가는 고객들에게 나눠주면서 충격적인 경험을 했다. 어떤 고객이 홍보지를 받고 잠깐 보더니 몇 걸음 안가서 바로 앞에서 홍보지를 꾸겨 바닥에 휙 버리고 가는 것이다. 자존심이 상했다. 그리고 그 고객을 따라가면서 "저 까다로운 고객에게 홍보지를 전할 방법을 찾는다면 어떤 고객이라도 홍보지를 전할 수 있겠다"라고 생각했다. 그리고 그 고객을 따라 갔다. 에스컬레이

터를 타고 지하 1층으로 내려갔다. 그 고객은 마트 쇼핑을 하기
위해 쇼핑카트를 꺼냈다. 쇼핑카트에 홍보지를 부착하면 되겠다
고 생각했다. 대기중인 쇼핑카트 약 250대 손잡이 모두에 3단
홍보지를 스테이플러로 찍어 3각 모양을 만들어 부착했다.

〈이미지 1-4-1 홍보지 부착된 쇼핑카트 250대〉

그리고 사무실로 들어가서 밀린 사무업무를 했다. 약 30분쯤 지
나자 불안함이 엄습했다. 상급자에게 "누가 지저분하게 이런 걸
부착했냐" 혼날 수도 있겠다는 상상을 했다. 쇼핑카트 보관소로
급히 이동했다. 그 곳에서는 전혀 예상치 못한 상황이 벌어지고
있었다. 예상은 쇼핑카트가 필요한 고객들이 이게 무엇인지 궁금
해하면서 뜯어보길 기대했는데, 그냥 지나가는 고객, 바구니를 든
고객들도 손이 닿는 부분까지 홍보지를 대부분 뜯어가고 몇 장 안

남아 있었다. 1시간 동안 나눠줘도 몇 장 못 나눠줬던 동일한 홍보지가 30분도 안 되어서 수백장이 고객의 의지로 자동 배포되었다. 곧바로 30분 간격으로 계속 홍보지를 부착했고 수천장의 홍보지를 쇼핑카트를 통해 자동 배포하였다. 직접 나눠주는 것 보다 수백배 효과도 좋았고 30분씩 다른 업무도 볼 수 있어서 1석 2조였다. 더 충격적인 일은 그 이후에 일어났다. 매출이 2배 성장하고 1주일 이후 매출은 10배 이상 성장하였다.

성공사례는 새로운 성공사례를 만든다. 자의 마케팅을 모바일에 접목했더니 그 결과는 충격적이였다. 모바일 마케팅의 위력이 탄생하는 순간이였다.

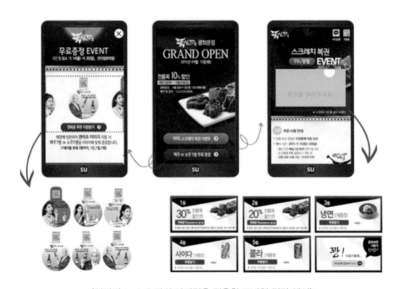

〈이미지 1-4-2 자의 마케팅을 적용한 모바일 전단 예시〉

가운데 화면에 신규점포 오픈 기념 99% 스크래치 복권 이벤트와 맥주 소주 1병씩 무료 증정하는 이벤트가 있다. 99% 스크래치 복권 버튼을 눌러 스크래치 복권 은박지를 보면 누구나 호기심에 복권을 긁는다. 이때 30% 1등 할인권이 나온다면, SMS 단체 문자로 뿌려지듯 받는 30% 할인권과 반응률이 어떻게 다를까? 반응률과 매장을 방문할 확률이 10배 이상 차이가 난다. 전자가 자의 마케팅이고 후자는 타의 마케팅이다. 맥주, 소주 1병 무료 이용권도 빅뱅의 탑과 아이유가 맥주, 소주를 홍보하고 있는 이미지 보고 마음에 드는 이미지를 클릭하여 다운 받는다. 좋아하는 연예인 이미지 쿠폰을 사용할 확률과 단체 문자로 소주 1병 무료로 준다는 단체 문자를 받았을 때 그 문자를 사용할 확률이다. 어디가 더 높을까? 두말하면 잔소리다. 추가 비용 없이 유명 연예인과 함께 브랜드를 노출한 점도 적극 참고해야 한다. 맥주와 소주 경품으로 걸면서 해당 모델들을 자신의 로고와 함께 적절하게 온라인에서 잘 노출했다는 점을 꼭 벤치마킹하자. 경영의 기본은 저비용 고효율이다.

19,900원 샌들 팔아 월 매출 2억 달성할 수 있을까?

전사적 마케팅과 모바일 마케팅을 함께 적용해서 폭발적인 집객과 매출을 이루었다. 전사적 마케팅은 상품 선정부터 물류, 현장

구현, 판매, 고객평가까지 전 부서와 전 판매처가 협심하여 전사적으로 마케팅을 실시하여 빅 히트 상품을 만드는 것이다. 뉴코아 일산점에서 1개월간 2억원 이상을 판매했고 첫날 매출 약 4천만원을 팔았다. 하루 4천만원, 1개월 2억 매출은 백화점 명품 브랜드들도 하기 힘든 매출이다. 이때 적용한 마케팅 Mix 678 전략은 오랜 현장 경험을 통해 검증된 이론이다. 고객에게 노출이 잘되는 포인트 6곳에 7일전부터 8가지 이상 마케팅 도구를 Mix하면 매출이 5~10배 이상 성장할 수 있다는 현장 경험 지식이다.

No	6곳	마케팅 도구 (노출 포인트)
1	온라인	SMS, SNS, 홈페이지, 유튜브, 블로그, 카페, M-DM, M-survey 등
2	종이	전단, 카탈로그, 핸드빌, 포스터(A4, A3), DM(우편물) 등
3	동선	엘리베이터, 에스컬레이터, 바닥 시트지, 계단, 천장배너, 등신대 등
4	공공장소	스포츠센터, 문화센터, 버스(정류장), 지하철, 휴게실, 식당가, 화장실 등
5	제품	사은품(볼펜, 부채…), 캔따죠, 쇼핑카트, 미끼상품 등
6	지인(소리)	점내 방송, 빅마우스 고객(아파트 부녀회장), 미스터리 쇼퍼, 직원 등

※ 매출 10배를 만드는 마케팅 Mix 678전략 노출 포인트

〈이미지 1-4-3 매출 10배를 만드는 마케팅 Mix 678전략 노출 포인트〉

〈이미지 1-4-4 Mix 678전략 노출 포인트 실행 예시 이미지〉

모바일로 DM을 구현하여 한정수량으로 1인당 2개까지 구매할 수 있는 번호표를 고객의 휴대폰으로 나누어 주었고, D-7일 전부터 행사를 알리는 여러 홍보 연출물 '에스컬레이터, 바닥시트지, 천장우드락, 현수막, 콤비락용 우드락, 유리문 시트지, 엘리베이터 시트지, 화장실 문(소변기), 문화센터 문, 쇼핑카트 동전통 등'을 가용한 모든 노출 공간에 사전 알리기를 실행하였다.

〈이미지 1-4-5 Mix 678전략 행사장 구현 예시 이미지〉

더 중요한 것은 행사장 구현이다. 수천명의 고객의 관심을 끌어 행사장으로 불러모았는데 행사장이 특별하지 않다면 고객들은 큰 실망을 하게 된다. 당시 행사장은 가두리(울타리 둘러친) 행사장으로 줄을 세워서 한정인원만 출입하여 고객들이 고급스러운 분위기에서 구매하게 하고 행사장이 북적북적 하게 보이는 효과를 만들었다. 행사장 이미지와 구현물은 전사적 마케팅으로 본사에서 전점 공통으로 사전에 기획하고 진행되었다. 행사장 안쪽 바닥에는 해당 콤비락(신발 진열장)의 신발사이즈를 알려 주는 표시물이 부착해서 회전률을 높였다. 제품을 알리는 셀링

포인트를 경쾌한 음악과 함께 방송하여 구매욕구를 높였다. 번호표가 없는 사람은 구매할 수 없게 해서 제품의 희소성도 높였다. 판매직원들은 눈에 잘 띄는 노란색 티셔츠를 동일하게 맞춰 입고 쇼핑백도 차별화하여 구매고객들이 들고 다니면서 또 다른 고객에게 호기심을 불러 일으켰다.

〈이미지 1-4-6 Mix 678전략 문자 발송 및 모바일 전단 예시〉

당시 약 3만명의 고객에게 문자를 발송하여 약 20% 정도가 링크를 클릭했고 약 4%, 1,200명 정도가 모바일 구매를 희망하는 번호표를 다운 받아 행사 첫날 참석했다. 1,200명의 고객이 행사장에 몰려 건물을 둘러싸서 줄을 서서 1층 전체가 사람들로 꽉 차서 옴짝달싹 할 수 없는 상황이 벌어졌다. 고객들끼리 서로 둥둥 떠

밀려 다니는 상황이 연출되었다. 당시 우리나라 스마트폰 보급률
이 10%대로 반응률과 응답률이 매우 높은 것이었다.

〈이미지 1-4-7 Mix 678전략 실행력과 3의 법칙〉

전사적 마케팅과 모바일 마케팅을 함께 강력하게 운영하기 위해
서는 역시 '3의 법칙'이 필요했다. 열정을 가진 3명, 전체 기획,
운영하는 사람(정), 함께 현장구현을 할 사람(부), 물류와 판매를
담당할 사람(점주), 최소 3명이 필요했다. 고객을 줄 세우려면,
열정을 가진 사람들이 코끼리 다리처럼 발이 퉁퉁 붓고 발바닥
은 물집으로 잡히고 뒤꿈치가 까져서 피에 양말이 젖을 정도로
매장을 뛰어다니며 영업시간 이후에 새벽까지 현장구현을 하고,

번호표 및 연출물을 직접 만들기 위해 코팅지를 칼로 자르다 손가락을 베이기도 하고, 이른 새벽 물류센터에서 오는 물량을 받아서 창고에 적재하고, 모바일 마케팅을 하기 위해 밤을 세워 행사를 준비할 수 있는 강력한 믿음과 열정과 희생 정신이 필요했다. 희생이라는 표현보다 배움을 위한 투자라는 말이 더 맞을 것 같다. 원래 고생하면서 배운 것은 잘 잊혀 지지 않는다. 현장에서 배운 경험과 지식은 누구도 가져갈 수 없다.

현장에서 경험으로 배우는 중간부 지식, 서비스 지식이 곧 세상을 주도할 것이다. 그리고 그 경험적 지식을 지적재산권화 해야 한다. 상부 지식은 미국이 독점하고 있고 문화, 컨설팅, 복무회계, 금융, 대학 등이다. 하부 지식은 일본과 독일이 독점하고 있고 공장 시스템, 낭비제거 등이다. 피터 드러커가 예측하기를 미래에는 아직 정확히 밝혀지지는 않았지만, 중간부 지식, 즉 서비스 지식이 주도한다고 했다. 비즈니스 모델 특허, 시스템 관련 특허, 저작권, 디자인, 상표 등이 중간부 지식이 될 수 있다.

(이상엽 책사)

5) 오프라인 소매업과 상가 종말의 시대

〈이미지 1-5-1 전 연령층 소비자들 이커머스 이용자로 전환〉

소매업의 종말(retail apocalypse) 현상은 2008년 글로벌 금융 위기 이후 미국 소매업에서 시작하여 2016년 이후 미국 모든 도시에서 확산되고 있는 오프라인 소매업의 붕괴현상을 말한다. 그 원인은 아마존 등 이커머스의 성장 그리고 새로운 주력소비자로 부각되는 밀레니얼 세대 소비자들의 시간 부족 현상 등이다. 2020년 이후에는 한국에서도 본격적으로 시작되고 있다고 평가된다. 오프라인 소매매장과 상가의 종말현상이 우리에게 주는 시사점은 다음과 같다.

첫째, 인구 감소와 소비시장 주력 세대의 교체이다. 한국은 이미 생산가능인구수가 감소하고 있고 중산층 비율이 줄고 있는 축소

시장이다. 특히 50~70세에 해당되는 약 1500만명의 한국 베이비부머 소비 세대는 백화점과 대형마트를 성장시킨 주역이지만 이들의 구매력과 소비열망이 급격히 위축되고 있다. 이제 한국 소비시장은 40세 이하 밀레니엄 세대 소비자들이 주력으로 등장했다. 이들은 스마트 폰으로 쇼핑에 익숙한 디지털 네이티브들이다. 이들이 찾지 않는 오프라인 소매 매장의 쇠퇴는 불가피하다.

둘째, 소매업의 정체성 변화이다. 이제 단순 상품 판매업으로는 버티기 힘든 시대가 왔다. 아마존처럼 소비자의 라이프스타일을 지배하는 배달업이 향후 소매업이 가야할 방향이다. 식품, 의류, 헬스케어, 콘텐츠를 융합하고 초개인화 맞춤식 서비스를 제공하는 새로운 성공 방정식을 만들어 가야만 지속성장이 가능하다. 과거 수만년동안 소매업의 성공공식인 오프라인 매장의 위치와 크기는 이제 더 이상 유효하지 않다.

마지막으로 자영업자와 영세사업자들의 경쟁력 약화이다. 이문제는 어제 오늘의 이슈는 아니지만 2020년 이후 50~60대 소비자들까지 이커머스 이용자로 앱 이용자로 전환되면서 방문객수의 부족으로 인하여 상가의 유지 자체가 힘들어지고 있다. 중소상인 보호를 목적으로 시행되는 있는 대규모 점포 출점 및 영업시간 규제도 이제는 재검토할 시점이다. 이들은 오프라인 소매시장만을 제로썸(zero-sum)으로 가정하고 만들어진 20세기적인 규제이다. 24시간 운영하는 온라인 사업자에 대하여 오히려 기울어진 운동장 효과만을 주고 지역도시 상권 활성화에도 방해만 되고 있는 실정이다. 중소상인도 보호 못하고 지역 소비자에게도 불편만 끼치고 있다. 모바일 셀러 교육과 출구전략 제공으로 중소상인을 배려하는 정책 전환이 필요해 보인다.

2021년 이후 현재 오프라인 소매업 종말의 시대
이에 대응하는 전략 3가지는 다음과 같다.

첫째, 물건을 팔지 말고 '즐거움'을 팔아야 한다. 쿠팡과 아마존 같은 기능이 월등한 이커머스 기업들이 급격히 성장하면서 오프라인 비즈니스 운영자들은 업을 재정의할 필요가 있다. 최근 오프라인 매장에서 경쟁력을 보여준 매장은 '다이소' 이다. 최대가격이 5000원에 불과한 이 매장이 그토록 소비자들의 사랑을 받는 이유는 놀라운 가성비에서 발생하는 '소확행'인 것이다. 향후 소매업은 급속하게 엔터테인먼트(Entertainment)가 중요한 경쟁력 요소로 부각될 것이다. 리테일테인먼트(retailtainment)는 '소매업'과 '엔터테인먼트'의 합성어로 산업간 융합이 증가하고, 노력없는 쇼핑(effortless shopping)이 일반화되면서 소비자의 감성과 경험 그리고 레저의 중요성이 커지는 현상을 말한다. 항쩌우에 아시아 최대 공장을 운영하고 있는 레고랜드의 경우 레고랜드 파크를 운영하면서 라이프 스타일과 즐거움을 파는 비즈니스로 자신을 정의하고 있다. 이제 오프라인 소매업은 '즐거움'을 파는 관광 쇼핑업으로 재정의 할 수 있어야 한다.

둘째, 사업 철학을 브랜드에 반영하여 브랜드 개성(Brand Personality)을 강화하여야 한다. 고품질과 유명 브랜드라면 선택을 주저하지 않는 베이비부머 소비자에 비하여 밀레니얼 세대는 절대 빈곤을 느껴보지 못한 개성이 강한 소비자들이다. 이들은 더 연결되고 더 투명한 사회에 살면서 기업과 상인들에게 더 높은 윤리의식과 더 독특한 브랜드 개성을 요구하고 있다. 브랜드 개성이란 우리 기업과 매장이 사람이라면 고객들이 우리에게 어떤 감정을 가질 것인가? 생각해보면 떠오르는 형용사라고 생각하면 된다. 따뜻함(Warmth)으로 다가갈지, 유능함(Competence)으로 다가갈지를 정하고 기업의 사명과 전략에 개성을 반영하여야 한다. 전통시장의 경우에는 향수마케팅을 통하여 따뜻한 매장임을 더욱 강조하고 대형마트의 경우에는 유능함을 더욱 보강할 필요가 있다.

셋째, 온라인-오프라인에 걸친 옴니 (Omni)채널을 구축해야 한다. 바야흐로 소매산업은 옴니채널 유통의 시대로 접어들고 있다. 온라인 기업은 오프라인 점포를 통하여 쇼룸 (Show Room) 효과를 극대화하고, 반대로 오프라인 기업은 모바일 유통을 강화하여 온라인-오프라인의 경계를 없앤 옴니채널 쇼핑을 구현할 수 있어야 한다. 4차산업혁명이란 빅데이터 분석으로 소비자를 소비자 보다 더 잘 이해하여 예측배송을 가능하게 하는 AI 쇼핑의 시대를 말한다. 해상과 육상의 경계가 사라지고 있다. 모든 소매업은 바다와 육지에 서 모두 잘 싸우는 해병대가 되어야 한다.(서용구 교수)

6) 최소비용에 최대수익,
   비대면 무인공간업을 공유경제하라!

비대면 시대, 합리적인 소비를 유도하면서 최소비용에 최대수익
을 내려면 어떻게 해야 할까? 온라인으로 공유경제를 하는 것이
맞는 방법일까? 온라인 콘서트처럼 기술력과 편리성에 초점을
둔 시간제 1:1 맞춤형 비대면 무인 공간과 무인 관련 기술이 이
슈가 되고 있는데 계속 성장할까?

시대에 따라 급속히 성장하는 트렌드 업종이 있다. 예전 만화
방, 오락실, 볼링장, 탁구장, 당구장, 보드게임, 찜질방, DVD
방, 인형뽑기방, 방탈출카페, AR/VR방 등이다. 그 중에 노래방
과 PC방은 20년 이상 큰 인기를 끌었다. 이제는 비대면 관련 아
이템이 인기다. 비대면 예배, 회식, 결혼(virtual wedding), 돌
잔치 등 다양한 모임이 온라인 화상으로 진행되고 있다. 코로나
로 상황이 심각한 미국 등은 벌써 virtual wedding 일반화되고
있다.

(출처: divyacohen.medium.com)

〈이미지 1-6-1 virtual wedding〉

또한 360도 촬영, VR, AR 등 기술의 비약적인 발전으로 온라인 공연 시스템이 크게 성장했다. 국내에서 SM엔터테인먼트 소속 아티스트들이 참여한 세계최초 온라인 콘서트 'Beyond LIVE'가 전세계 "129개국, 12만 시청자, 120분간, 1억 2천여 개" 하트를 기록하며 글로벌 음악 팬들의 폭발적인 호응을 얻었다. 일반적인 인기 아이돌 콘서트에 통상적으로 1만명 정도 관람하는 것에 비하면 10배가 넘는 수치이다. 이후, 방탄소년단(BTS)의 실시간 라이브 공연 '방방콘 THE Live'는 '전세계 최다 관람 온라인 콘서트 부분' 107개국 75만명으로 기네스북에 등재되었다. 이후 'BTS 맵 오프더 솔 원' 온라인 콘서트는 시청자가 191

개국에서 99만3000명이 관람하면서 티켓 수익만 491억원으로
일반 공연에 거의 100배에 가까운 수치로 본인들의 기네스북
기록을 갱신했다.

(출처: www.khan.co.kr)

〈이미지 1-6-2 'BTS 맵 오프더 솔 원' 온라인 콘서트〉

최근 스터디카페 형식의 공간 임대업이 급증하고 있다. 전 세계
에서 스터디카페가 있는 나라는 아직 우리나라뿐이다. 2015년
에 "커피랑 도서관"에서 처음으로 스터디카페 형태의 업종이 시
작되었다. 스터디카페는 음료를 무료로 제공하고 좌석을 시간제
로 판매해서 독서실도 아니고 커피숍도 아니여서 각종 규제에서
아직은 자유로운 편이다. 전국에 약 4,000여개의 스터디 카페가

있고 약 20,000개의 독서실이 있는데 독서실이 리뉴얼하면서 대부분 스터디카페로 변경하는 추세다. 최근 미네랄바이오(화장품 회사)가 "미바라운지 스터디카페"라는 새로운 이름으로 변화되는 공간 사업에 앞장서서 수십개의 매장을 오픈하고 있고, 워시프렌즈(빨래방 체인점)도 스터디 카페 업장을 찾고 있다. 무수히 많은 경쟁사들이 우후죽순 생길 것이 예상된다.

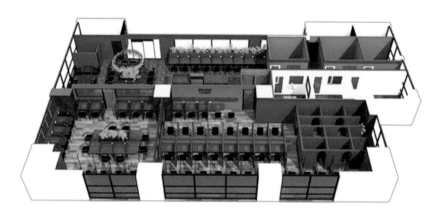

〈이미지 1-6-3 카페+독서실+미팅룸+공유오피스=미바라운지 스터디카페〉

비대면 무인 공간업은 지금도 계속 진화 중이다. 무인 호텔부터, 미팅룸, 독서실, 커피숍, 공유오피스, 공유스튜디오, 공유주방까지 다양화되면서 상권내 필요에 따라 무인 공간이 점점 발전하고 있다. 고객중심의 저비용 고효율화 되는 것이 당연하다. 오프라인이 온라인으로 접목되면서 상권에 맞는 1:1 맞춤형 비대면 무인 공유 공간이 무인 키오스크를 통해 활짝 꽃 피우며 급성장하고 있다. 관련 업종은 향후 최소 10년 이상 갈 성공 가능성 높은 업종임이 분명하다.

참고로, 비대면 지역경제 발전에 선봉에 있는 업체가 있다. 당근마켓은 온라인과 오프라인의 잘 혼합하여 공유경제의 성공을 설명하기에 좋은 사례이다. 당근마켓은 2,100만명 이상 다운 받은 위치기반형 중고 거래 서비스이다. 주요 사용자는 3040세대 비교적 가까운 거리인 6km 이내 사용자로 무료 나눔에, 매너온도로 구매자와 판매자간 믿음을 만들어주는 것이 특징이다. 지역내 공간(부동산, 학원, 구인구직, 음식점, 미용실 등) 관련하여 매장 홍보를 할 수 있는데, 당근마켓 지역광고비는 평균적으로 1,000회당 4,000~5,000원 정도로 저렴한 편이다.(이상엽 책사)

빅블러 시대
유통 물류 글로벌 미래비전

2

유통

❷
유통

1) 라이브 커머스의 폭풍 성장

유통산업이 급변하고 있다. 코로나 사태의 장기화로 집콕 경제가 심화되면서 한국을 대표하는 오프라인 소매산업인 대형마트의 마이너스 성장이 심해지고 있다. 2020년 2분기 이마트와 롯데마트의 적자가 각각 474억과 578억으로 2019년 2분기 대비 적자폭이 더욱 커졌다. 해외여행 전문 여행사, 면세점 산업의 경우에는 2020년 작년대비 90% 이상의 매출감소로 산업 붕괴 수준의 위기상황에 처해있다. 반면에 네이버 쇼핑과 쿠팡등 주요 이커머스 기업의 올해 매출은 지난해 대비 30% 이상 증가하고 있는 것으로 알려졌다. 코로나 시대 언택 쇼핑이 소매업의 주류로 온전히 자리잡고 있다.

유통산업에서는 기존 매장과 차별화되는 새로운 매장과 물류창고를 신축하는 것이 혁신이다. 제조업에서 신제품을 개발하는 것처럼 소매산업에서는 신규 매장을, 물류산업에서는 새로운 물류센터를 만들어 운영하는 것이 산업을 발전시키는 원동력이다. 그러나 대형매장에 대한 영업시간과 출점 규제가 10년째 지속되면서 새로운 매장 실험이나 신규매장을 오픈 할 수 있는 환경이 전혀 만들어지지 못하고 있는 실정이다. 그 사이 인구감소도 시작되어 한국 소비시장은 그야말로 뉴노멀 (New Normal) 상황으로 변화했다. 이 같은 상황에서 오프라인 업체들도 이커머스에 대응할 수 있는 새로운 판매채널이 등장했다. 바로 라이브 커머스(live commerce)가 그것이다. 해석해보면 살아 숨쉬는 생명이 있는 것처럼 '살아 움직이는 상거래'로 번역할 수 있겠다.

〈이미지 2-1-1 라이브 커머스(live commerce)〉

라이브 커머스는 웹이나 애플리케이션등의 플랫폼을 통해서 실시간 동영상 스트리밍으로 상품을 소개하고 판매하는 온라인 커머스이다. TV 홈쇼핑과 실시간 스트리밍이 융합하여 새로운 판매 채널이 만들어진 것이다. 채팅창을 통해 시청자와 실시간 소통이 가능하기 때문에 2030 세대에 호응을 얻으면서 급성장하고 있다. 집에서 갇혀 있어야 하는 특수상황에 있다 보니 이 같은 실시간 라이브 쇼핑방송이 급성장하는 모멘텀이 만들어진 것이다. 원래 2016년 이후 중국에서 알리바바 그룹의 '타오바오 라이브'가 방송을 시작하면서 주목받기 시작한 라이브 커머스는 왕홍과 인플루엔서들의 힘으로 급성장하여 중국에서는 이미 또 하나의 소매 채널로 자리잡았다고 평가받고 있다. 미국에서도 2019년 아마존이 '아마존 라이브'를 개시하여 패션, 뷰티, 요리, 육아, 홈퍼시닝 등 다양한 카테고리를 개척하는 중이다. 우리나라도 올해 상반기 카카오가 '카카오 쇼핑 라이브'를 시작했고 네이버의 '쇼핑 라이브'에서는 중소상인들의 제품을 실시간 채팅을 통하여 소개하고 있다. 롯데백화점도 '100 라이브' 방송을 시작했다.

라이브 커머스는 소비자와 생산자의 공동창조(cocreation)의 일종이다. 이 같은 특성으로 1980년 이후 출생자인 밀레니엄 세대와 그 후속세대인 1995년 이후 출생한 MZ 세대의 자기취향을 저격하는 미디어 커머스로 성장하고 있다. 판매자가 방송을 통해 제품의 상세정보를 공유하면 시청자가 바로 댓글로 의견을 교환한다. 시청자가 '구매하기' 버튼을 눌러서 즉시 구매가 가능하다.

한국 소비시장에서는 최근 거대한 세대교체 변화가 발생하고 있다. 산업화 세대와 동의어인 베이비부머와 X 세대에서 밀레니엄과 MZ 세대로 주력소비자의 자리바꿈이 일어나고 있다. 이들은 '눈치세대'인 선배 세대와는 다르게 자기만족을 추구하는 실용적 소비자로 뚜렷한 자기 개성과 취향을 가지고 실시간 평가와 피드백에 능숙하다. 이들을 중심으로 성장하고 있는 라이브 커머스는 코로나 시대에 등장한 새로운 판매 채널이다. '창의적'이고 '즉시성'이라는 특징을 가지고 기존 패션과 화장품에서 주택과 헬스케어 제품 등으로 지속적으로 폭풍 성장할 것으로 기대된다.(서용구 교수)

2) 한국인의 뉴 라이프스타일

〈이미지 2-2-1 언택 시대, 한국 이커머스 시장 급성장〉

어제 밤 12시에 주문한 채소와 당근이 새벽 7시에 우리 집 현관에 배달된다. 30분전 주문한 아이스크림이 오토바이로 배달된다. 전 세계적으로도 불과 6시간 이내에 신선식품을 주문에서 배달까지 가능하게 만드는 유통 물류 시스템을 가지고 있는 나라는 드물다. 언택 시대를 맞이하여 한국 이커머스 시장이 급성장하고 있다.

시총 100조원으로 미국에 상장한 로켓 배송 '쿠팡'이 만약에 한국 상장회사였더라도 2020년 코로나 사태로 연초 대비 주가가

2배 이상 상승했을 것이다. 현재 한국 소비시장에서 약 30% 점유율을 가지고 있는 이커머스 시장이 언택시대에 탑승하여 고속 성장한다면 조만간 한국인 소비의 50%를 무점포 소매업 즉 이커머스가 담당하는 날도 멀지 않았다. 이커머스 시장이 주도하는 언택 시대 유통과 물류의 변화로 한국인들은 세계적으로 가장 먼저 미래형 라이프 스타일을 가진 소비자로 진화하고 있다고 생각한다

첫째, 한국이 세계 최초로 미래 라이프스타일의 표준이 될 가능성이 있다. 미래에는 소매시장 전체의 50%가 이커머스로 발달되고 30분~1시간 배송이 일반화되는 소비시장이 될 것으로 예상된다.

2000년대초 인터넷이 전세계 표준 서비스로 확산되면서 전통적 오프라인 소비와 인터넷 언택 소비가 50 대 50 이 되는 미래를 30년후로 예상하는 학자들이 있었다. 코로나 사태가 미래 사회를 앞당기는 효과를 발휘하고 있는 점을 감안하면 2030년 이전 이 수치가 달성될 가능성이 커지고 있다.

언택 소비자가 급속히 증가하고 있다. 이커머스 시장의 발달로 한국은 코로나 사태에서 주요 국가중에서 거의 유일하게 사재기

가 발생하지 않았다. 약 2500만명의 고소득, 스마트폰 사용자가 살고 있는 수도권이라고 부르는 메가시티를 가지고 있는 한국에서 본격적인 미래 사회가 펼쳐질 가능성이 커지고 있다. 과거 20년전 미래 전망 시나리오중 가장 급진적인 언택 소비 사회가 바로 우리 앞에서 펼쳐지고 있는 것이다.

둘째, 소매산업도 정체성과 경쟁양상이 급변하고 있다. 소매업은 전통 서비스산업에서 IT 융합 정보업으로 변하고 있다. 이전 소매업은 매장의 위치와 판매원 서비스가 중요했다면 포스트 코로나 시대에서는 풀필먼트(fulfillment) 서비스가 중요한 언택 비즈니스로 소매기업의 핵심 정체성이 변하고 있다. 풀핀먼트란 2006년부터 미국 아마존이 자신의 물류 시스템을 외부 판매자들에게 개방하면서 유명해진 용어로 주문 접수- 피킹- 분류- 포장- 라스트 마일 배송에 이르는 물류 전과정을 말한다. 업의 정체성이 이처럼 변하고 있기 때문에 소매업 경쟁은 이제 오프라인 업태와 언택 온라인 업태간 싸움으로 변했다. '소매업의 종말'이라는 용어가 말해주듯 오프라인 소매업은 종말의 위기를 맞이하고 있다. 이 같은 업의 성격변화로 인하여 오프라인 소매기업 이마트와 롯데쇼핑의 주가는 피크 대비 각각 30% 와 20% 수준까지 하락했다. 결국 미래 소매업은 유통과 물류가 통합되면서 아마존 스타일의 4차 산업으로 진화할 것으로 보인다.

셋째, 한국인의 일자리 스타일도 변하고 있다. 과거 10시간 매장에 앉아서 고객을 기다리는 상인들의 모습은 점차 찾기 어려워질 것이다. 도/소매업으로 불리는 전통적 유통산업은 전체 일자리 15%를 만들어주는 일자리 친화적 산업이다. 최근의 환경변화는 유통 서비스 산업의 일자리가 급감하는 위기에 처했음을 말해준다. 기업평가 사이트 'CEO 스코어'가 분석한 바에 의하면 국내 500대 기업 국민연금 가입자수 추세에서 2020년 2월~6월 5개월동안 22개 업종중 15개 업종에서 국민연금 가입자수가 감소했다. 그 중에서도 유통산업 고용감소폭이 가장 컸다.

쿠팡에서는 고용이 늘었으나 롯데쇼핑, 아성다이소, GS 리테일 등 전통 오프라인 소매업에서 고용이 줄었다. 언택시대 중소상인과 동네상권 활성화를 위해서는 미래지향적 아이디어가 필요하다.(서용구 교수)

3) 리테일테크에서 기회를 찾자

소비와 유통에 대한 리테일과 정보통신 기술이 결합하여 새로운 패러다임으로 전환되고 있으며, 인공지능, 빅데이터, 가상현실, 블록체인, 로봇 등의 첨단기술이 포함된다. 이 중 활용도가 높은 인공지능, 빅데이터, 가상현실에서 기회를 찾고자 한다.

인공지능과 빅데이터는 현재의 상황을 분석, 진단하고 미래의 상황을 예측할 수 있다는 부분에서 장점을 가지고 있다. 이는 선택이 아니라 기업을 지속시키기 위한 필수적인 부분이며 단순히 정보통신 영역을 넘어서 산업 전 분야에 보조적인 역할을 충분히 하고 있다. 또한 결과를 도출하기 위한 과정도 중요하고 도출된 결과를 전문가적 입장에서 어떻게 해석할 것인가도 상당히 중요하다. 블룸버그(Bloomberg)에 의하면 리테일 업계에서의 인공지능(AI : Artificial Intelligence) 시장규모는 2026년까지 23M$로 연평균 증가율(CAGR : Compound Annual Growth Rate)이 약 33%로 예상되고 있다. 이는 하드웨어, 소프트웨어 그리고 데이터 분석관련 산업을 포괄하는 규모이며 연관산업에 미치는 영향력이 크다.

오프라인 매장에서는 빅데이터 기반의 인공지능을 이용한 고객분석을 통하여 여러가지 마케팅 활동과 구매전환 활동을 할 수 있다. 예로 이동 동선에 따른 상품배치의 효율성 파악, 고객별 이벤트 타임설정, 할인쿠폰 제공 등 고객의 이동과 구매패턴과 관련된 모든 상황을 분석할 수 있다. 온라인에서는 보다 더 정교하게 고객을 위한 맞춤 서비스를 제공할 수 있으며 날씨, 환경, 사회적 이슈 등을 고려하여 상품소싱 및 재고관리에 활용할 수 있다. 이는 옴니체널(Omni-channel)로 연결이 되어 유통분야에서 데이터와 상품에 대한 정보가 서로 융합됨으로 보다 효율적인 쇼핑정보를 제공할 수 있다. 온라인쇼핑에서 장바구니, 구매내역, 행사정보에 대한 상품을 오프라인에서 눈으로 확인하고 카트에 담으면 자동적으로 결재와 연동하여 실시간적으로 구매가 완료될 수 있도록 할 수 있다. 이미 아마존에서는 'Dash Cart'(쇼핑카트)에 카메라, 센서 등 첨단 디지털 기술들을 접목하여 상품정보 제공, 무인점포 운영, 자동결재까지 고객이 쇼핑에 집중할 수 있도록 많은 시도를 하고 있다.

(출처: www.amazon.com)

〈이미지 2-3-1 아마존, 계산 필요 없는 쇼핑카트〉

빅데이터와 인공지능 기술은 이미 실생활에 활용되고 있다. 온라인과 오프라인의 경계가 점점 모호해 있음으로 이제 이 기술을 어디에 어떻게 활용하는가에 따라 경쟁력에 차이가 발생된다. 첨단기술이 모든 것을 다 해결할 수는 없지만, 신속한 분석과 판단에 대한 조력자로 활용할 수 있다면 무엇보다 좋은 경영상의 도구임에는 분명하다.

가상현실(VR : Virtual Reality)이란 컴퓨터를 이용하여 인공적인 기술로 만들어 낸 실제와 유사하지만 실제가 아닌 어떤 특정상의 환경이나 기술을 자체를 의미한다. 우리는 이미 '매트릭스', '스타트렉', '마이너리티 리포트', '소스코드' 등 많은 영화에서 가상현실에 대한 간접적인 체험을 하였다. 또한 에니메이션 '주먹왕 랄프 2' 에서는 구글쇼핑으로 고글(goggles)을 사고 이베이에서 경매하는 등 머지않아 리테일에서 현실화될 수 있는 내용이 포함되어 있다. 가상현실은 오프라인과 온라인을 연결하는 훌륭한 매개체이다. 다만, 가상현실을 리테일에서 보다 효율적으로 활용하기 위해서는 많은 양의 데이터가 실시간으로 연동될 수 있어야 한다. 다행히 음성과 영상을 동시에 활용할 수 있는 이동통신기술이 전국적으로 활성화되어 언제 어디서나 빅데이터를 주고받을 수 있다. 가상현실(VR)과 증강현실(AR)이 결합되면서 실시간 반응을 통하여 현실감 있는 쇼핑을 할 수 있다.

아마존과 월마트, 루이비통과 같은 글로벌 유통기업들이 생존에 필수전략이 될 것으로 예상하면서 VR관련 IT업체를 투자하고 있다. 한번 상상해 보자. 편안한 쇼파에 앉아서 고글을 쓰면 눈앞에 펼쳐지는 오프라인 매장들, 이들 매장은 마치 메뉴판처럼 국내와 해외를 선택할 수 있고 다른 사람 들과의 접촉이 없으며, 명품관, 식품관, 패션관 등 원하는 매장은 어디든지 방문하여 상품을 체험할 수 있는 세상. 여기에 조명과 온도, 향기까지 상황에 따라 제공되는 가상의 맞춤형 쇼핑세상, 이것이 결국 우리가 원하는 첨단기술의 혜택이 아닐까 생각된다.

결국 우리는 가장 가까운 곳에서 답을 찾아야 한다. 어떻게 하면 고객을 만족할 수 있을 것인가? 로부터 시작하자. 타임머신은 아니지만 가상의 현실에서 실제와 같은 경험을 느끼면서 만족을 느낄 수 있도록 리테일 환경을 변화시킬 수 있다면 또 하나의 생존을 위한 기회요인이 될 것이다.(김병기 박사)

4) O2O와 O4O는 무엇이 다른가?

〈이미지 2-4-1 온라인, 오프라인 매장의 결합〉

O2O(Online to Offline) 란 온라인과 오프라인이 결합하는 현상을 말한다. O2O 서비스가 본격적으로 활성화되기 시작한 것은 소셜커머스와 모바일 폰의 확산 덕이다. '반값 공동구매'로 알려진 소셜 커머스는 전자상거래와 마케팅이 결합하여 새로운 비즈니스 모델이 되었다. 오프라인 요식업 비즈니스를 광고하는 모든 전단지를 스마트 폰에서 자유자재로 검색하고 주문할 수 있게 한 앱 서비스 '배달의 민족'은 5조이상의 기업 가치를 인정받으며 한국을 대표하는 유니콘 기업으로 성장했다. 요기요, 우버, 다방, 카카오택시 등이 O2O 서비스를 대표하는 브랜드들이다.

스마트 폰에 깔린 앱을 통해서 온라인 세상과 오프라인 세상을 연결했다는 점에서 O2O 서비스는 사물인터넷의 철학과 유사하다. 현실세계와 가상세계를 연결하는 사물인터넷처럼 궁극적으로 온라인과 오프라인을 하나가 된 것처럼 연결시켜 준다는 점이 그렇다.

O2O로 인해서 오프라인 서비스의 품질도 획기적으로 개선되고 있다. 배달의 민족, 야놀자, 우버, 디디추싱이 모두 그렇듯이 이용자가 서비스 제공자를 평가하고 이 평가가 그 다음 사용자들의 구매의사결정에 실시간으로 영향을 미치는 시스템으로 사용자 평판이 매출과 직결되는 세상을 구현하고 있다. 매장 위치가 좋아서, 주변상권에 유동 인구가 많아서 장사가 그럭저럭 되던 자영업 매장과 상가들의 경쟁력이 점점 더 약해지는 이유이다. 광고 전단지를 만드는 것을 주업으로 하는 충무로 프린트 상권의 천적은 O2O인 것이다.

O4O (Online for Offline)는 온라인을 통해서 추적한 고객데이터와 기술을 바탕으로 오프라인 매장의 매출을 높이는 서비스이다. O4O 서비스 매장의 대표 사례는 아마존의 무인 편의점 '아마존 고'가 있다. 스마트 앱을 설치하고 매장에 입장하면 종업원도 계산대도 없다. 상품을 그냥 들고 나오면 되는 무인 점포

이기 때문이다. 중국의 대표 이커머스 기업 알리바바도 디지털 신선식품 매장인 '타오 카페'와 무인 편의점인 '빙고박스'를 운영 중이다. QR 코드를 찍어서 입장하고 두개의 문을 동과하면 온라인 결제시스템인 '알리페이'를 통하여 자동 결제가 이루어진다. 아마존 닷컴 고객들에게 별 평점 4점이상을 받은 제품들로만 큐레이션 된 '아마존 4 스타'라는 편집 매장도 있다. 온라인 고객들에게 이미 검증된 인기 제품들만을 판매하여 세계 최강 이커머스인 아마존의 명성도 높이고 오프라인 매장 고객들을 관찰하여 온라인 서비스 개발에 역으로 활용도 하는 효과를 발휘하고 있다.

O4O 매장은 AI를 본격적으로 활용하는 플랫폼 소매업이 시작되었다는 것을 우리에게 시사하고 있다. 단순히 종업원 인건비가 절감되는 무인 매장이 아니라 고객 데이터를 활용하여 고객의 니즈를 고객보다 더 잘 파악하는 소매업체가 탄생한 것이다. 아마존은 '아마존 9'이라는 이름을 가진 빅데이터 분석전문 계열사를 통하여 1억6천만명에 육박하는 아마존 프라임 고객의 일거수일투족을 고객 자신들 보다 더 잘 이해하고 있다. 디지털 혁명 즉 4차 산업 혁명은 오프라인 소매업의 기반을 완전히 무너뜨리기 시작했다.

결론적으로 O2O 와 O4O 서비스로 무장되지 않은 아날로그 매장들의 미래는 어둡다. 전략적 출구 전략과 직무전환 교육제공 등 정책적 노력이 절실히 필요하다. 그러나 이들에게는 디지털 디바이드가 커지면서 생기는 아날로그 향수와 고령층과 베이비부머 등 실버 고객들이 아직 남아있다. 아날로그 매장의 생존을 기원한다.(서용구 교수)

5) 윤리가 기업의 핵심 경쟁력인 이유

좋은 기업 이미지를 가지고 있는 것은 자본주의 사회에서 매우 중요하다. 왜냐하면 이미지는 기업의 미래가치를 결정하는 '브랜드'의 가치를 결정하는 핵심 요소이기 때문이다. 기업 이미지를 결정하는 사람들은 단지 소비자들만이 아니다. 소위 '기업의 이해관계자' 5인방 이 존재한다. 이들은 사회(Society), 협력업체(Partners), 투자자(Investors), 소비자(Consumers), 종업원(Employees) 들이다.

과거에는 이들 그룹간 벽이 존재했으나 SNS, OTT 가 발달하여 거의 만인이 동시에 거의 모든 정보를 공유하는 초연결 사회가 되면서 '투명성', '진정성'을 기반으로 하는 '기업 윤리'가 이미지 메이킹의 핵심 이슈로 떠오르게 된 것이다.

〈이미지 2-5-1 초연결 사회, '기업 윤리'가 핵심〉

기업 윤리가 브랜드 가치를 결정한 대표적인 사례는 매일유업
과 남양유업 사례이다. 내일 유업과 남양유업은 50년 숙명의 라
이벌로 분유와 우유시장에서 치열한 시장점유 싸움을 해오고 있
다. 최근 결과는 매일 유업의 압승이다. 매일 유업은 여성 CEO
와 상하목장의 친환경 이미지를 구축하면서 윤리적 브랜드 이미
지를 키우고 2020년 영업이익은 매출 1위인 서울우유를 앞질러
업계 1위로 성장했다. 2012년 상황은 현재와 달랐다. 그당시 업
계 1위인 남양유업이 6762억의 시가총액과 1조 3600억의 매출
성과로 4188억(시총), 1조원(매출)을 가진 매일유업을 압도하고
있었다. 그러나 2013년 남양유업의 '대리점 갑질사건'을 시발점
으로 소비자들의 남양유업 보이코트가 일어났고 이에 대응하는
과정에서 신뢰를 잃은 남양유업은 지속적인 매출부진에 시달려
왔다. 이후 회장 갑질 사건과 세무조사등 윤리적 이슈들이 계속
문제화되면서 2020년 현재 매일유업은 8년전 시가총액의 30%
이하 수준으로 줄어든 2000억 수준의 시가총액을 가진 2류 회
사로 추락한 상황이다. 남양유업 사례는 윤리 경쟁력이 기업가
치를 결정하는 윤리 브랜드의 시대에 살고 있음을 우리에게 여
실히 보여주는 사례이다.

2020년 코로나 팬데믹 이후 비대면 경제가 급부상하면서 한국
의 주력 소비자 그룹이 베이비부머 (+ X 세대) 소비자에서부터

MZ 세대 (밀레니얼 + Z세대)로 이동하였다. 인구수도 MZ 세대가 더 많고 브랜드 이해도와 열망도 후속세대가 더 높은 것이 사실이다. MZ 세대는 SNS를 기반으로 소비시장에서 강력한 영향력을 발휘하며 단순히 기능적 소비를 하기보다는 사회적 가치나 메시지를 가진 상품을 구매하는 '미닝 아웃', '착한 소비'를 하는 경향이 이전 세대보다 높은 편이다. 디지털 사회의 초연결성을 누리는 이들 소비자들은 '공정함'과 '윤리성'에 이전 세대보다 매우 큰 가치를 부여하고 있다. 물론 빅데이터 시대에 개인 맞춤형 제품과 서비스를 제공하고 와우 체험을 제공하는 것이 마케팅의 핵심이지만 동시에 착한 기업을 만들고 사회적 가치를 동시에 추구하는 윤리적 브랜딩을 수행하는 것이 포스트 코로나 시대 마케터들의 핵심 과제라고 생각한다.

윤리이슈가 개인과 기업의 핵심 경쟁력이 되는 배경 3가지를 살펴본다.

먼저 전세계 주요 소비 시장에서 나타난 주력소비자의 자리바꿈이다. 미국과 한국 모두 베이비부머(1945~1964년생 출생자)에서 밀레니얼 세대(1980년 ~1999년)로 주력소비자가 변했다. 밀레니얼 세대 소비자는 역사상 가장 윤택한 환경에서 자라난 마음 부자들이다. 디지털환경에서 글로벌 이슈에 민감하고 이전

세대에 비해서 윤리적 니즈가 높은 윤리적 소비자들이다. 이 같은 소비자들이 주력소비자가 되고 있는 상황인 만큼 이제 윤리는 기업 경쟁력이다.

두번째 변화 요인은 스마트폰과 유튜브의 사용으로 1인 미디어 시대가 되었다는 점이다. 사소한 비윤리적 행동이나 사건이 전 세계에 실시간 중계될 수 있는 메가 위험요인으로 커질 수 있음을 인지할 필요가 있다. 이제 기업은 그 규모가 커질수록, 이해관계자의 수가 늘어날수록 엄청난 잠재 리스크에 노출되어 있다. 대기업은 100가지 위험에, 중소기업은 10가지 위험에 노출되어 있는 '위험 사회'(risk society)가 자본주의 4.0 시대의 중요한 특징이기도 하다. 셋째, 투자업계에서 ESG 평가가 일반화되고 있다. 친환경(Environmental), 사회공헌(Social), 지배구조(Governance)를 말하는 이 용어는 친환경, 양성평등, 윤리경영이 '뉴노멀'이 되었음을 알려주고 있다.

마지막으로 윤리적 소비에 대한 관심이 크게 늘어가고 비윤리적 행위를 실시간 감시하는 시스템이 만들어졌다는 사실이다. 정부뿐만 아니라 다양한 NGO와 시민단체들이 개인과 기업의 모든 활동을 주시하고 평가하는 투명사회로 세상이 진화하고 있다. 이 같은 환경에서 진정성 있는 윤리 경영을 하고 사회적 가치를

구현하고 세상을 바꾸려고 하는 착한 브랜드를 만드는 것이 지
속성장의 열쇠가 된다는 사실을 주지할 필요가 있다. 포스트 코
로나 시대 변화에 적응하여 윤리적 브랜드로 우리 브랜드를 리
뉴얼 해야 하는 시점이다.(서용구 교수)

6) 판마고! 판매자와 구매자 間 불변의 법칙을 적용하라!

지피지기백전불태, 상대를 알고 나를 알면 백 번 싸워도 위태롭지 않다. 상대편과 나의 약점과 강점을 충분히 알고 승산이 있을 때 싸움에 임하면 이길 수 있다는 말이다. 하지만 많은 판매자들이 자기 제품을 잘 설명하지 못한다. 어떤 부분을 어떻게 강점으로 노출해야 소비자들이 잘 이해할지 설명하기 어려워한다.

불변의 원칙 : 판매, 마케팅, 고객관리

〈이미지 2-6-1 기업과 고객의 공통 니즈 3가지, 판마고〉

기업과 고객의 공통된 니즈는 '판마고'로 동일하다. '판마고'는 판매, 마케팅, 고객관리의 앞 글자 줄임말이다. 모든 기업의 니즈는 3가지로 요약된다. 제일 중요한 니즈는 '내 물건을 팔아 달라' 판매하고 싶은 니즈가 있다. 두 번째는 '내 제품과 브랜드 인지도를 높여 달라' 마케팅하고 싶은 니즈가 있다. 마지막은 '내 물건 산 사람과 앞으로 살 사람 관리 좀 해달라' 고객관리하고 싶은 니즈 딱 3가지뿐이다. 재미있는 현상은 고객의 니즈도 딱 3가지로 요약된다. 구매할 제품을 보고 먼저 생각하는 것은 '가성비 좋은 제품인가?' 합리적인 구매인지 확인하고 싶어 한다. 두 번째는 '믿을 만한 제품/브랜드 인가?' 신뢰할 수 있는지 문제가 생기면 AS등 교환, 환불이 가능한지 등을 확인하고 싶어 한다. 예를 들면, 삼성 갤럭시와 샤오미는 분명한 차이가 있다. 마지막은 '지금 구매하면 내가 무슨 혜택을 받을 수 있나?' 고객은 개인정보를 주더라도 추가 혜택이 있다면 받고 싶어 한다.

위 기업의 니즈와 고객의 니즈에 맞춰 제품과 브랜드 홍보를 기획하고 노출해야 최대 성과를 낼 수 있다. 기업과 고객이 모두 만족하는 판매, 마케팅, 고객관리 3가지 니즈를 잘 요약해서 보기 좋게 멋지고 이쁘게 노출해야 성공적인 마케팅을 할 수 있다. 실제 반응률 차이는 경험상 보통 20배~50배까지 높게 나타나기도 한다.

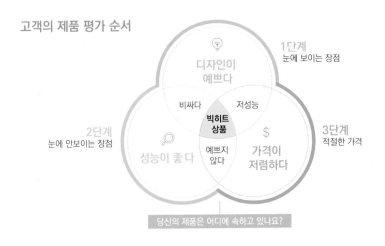

고객의 제품 평가 순서

〈이미지 2-6-2 제품 강점 3가지 중 내 제품은 어디에 속하는가?〉

내 제품의 강점도 3가지 안에서 꼭 찾을 수 있어야 한다. 3가지 강점 중 어디에 속하는지 정확히 알아야 마케팅 전략, 전술을 정확히 짤 수 있다. 고객이 제품을 구매할 때 보는 제품의 3가지 강점 중 첫 번째는 눈에 보이는 강점이다. 제품이 얼마나 심플하고 예쁜지 본다는 뜻이다. 예쁘지 않으면 우선 관심 대상에서 제외되기 쉽다. 두 번째는 눈에 안보이는 강점을 본다. 내구성과 기능이 얼마나 좋은지, 눈에는 잘 보이지 않는 강점이 있는지 확인한다. 마지막으로 가격이 적절한지 확인한다. 예를 들면 '① 어, 예쁜 컵이 있네? ② 떨어트려도 잘 깨지지 않고 전자레인지에 돌려도 되고, 국산이네. ③ 2개에 만원이면 가격도 적절한 것 같네.' 이런 순으로 구매를 생각하게 된다는 뜻이다. 3가지 강점

중 2가지를 가지는 제품들이 있다. 디자인이 예쁘고 성능이 좋은데 가격이 비싼 제품이 있다. 이런 제품을 보통 우리는 명품이라고 부른다. 명품 가방은 당연히 디자인이 훌륭하고 들고 다니면 사람들이 부러워하는 기능이 있다. 단지 가격이 비싼 것이 흠이다. 또 성능도 좋고 가격도 저렴한데, 예쁘지 않은 제품들도 있다. 이런 제품들은 보통 건강식품, 약 같은 것이 많은데, 예를 들면 '노니'는 만병통치약처럼 몸에 좋다고 하는데, 베트남 등 동남아에서 가지고 와서 가격도 저렴하다. '노니'가 특별히 예쁠 필요는 없다. 디자인도 예쁘고 가격도 저렴한데 기능이 저성능인 제품들도 있다. 이런 제품들은 보통 어린이 장난감인데 장난감이 예쁘고 저렴하면 되었지 고성능일 필요는 없기 때문이다. 마지막으로 디자인도 예쁘고 성능도 좋고, 가격도 저렴한 3가지 모두를 만족시키는 제품들도 있다. 최소 10만개 이상 판매할 수 있는 제품들이다. 이런 제품들을 빅히트 상품이라고 하는데, 예를 들면 디자인도 좋고, 기능도 좋고, 가격도 저렴해서 전세계 수십~수백억개 이상 판매한 야쿠르트, CJ제일제당 햇반, 롯데제과 설레임, 유니클로 히트텍 등이 있다.

고객과 기업의 3가지 니즈를 이해하고, 내 제품의 3가지 강점도 분석한 후, 공격적인 온라인 마케팅을 하면 큰 효과를 볼 수 있다. 그래서 고객 빅데이터를 수집과 모바일 전단의 필요성이 계속 커지게 된다. 대기업의 전유물이였던 모바일 전단은 이제 중소기업들두 저렴하게 사용하고 있다. 고객에게 먼저 다가가는 모바일 도구가 생기면서 개인과 기업은 물론 국가 기관, 대학교 등 다양한 곳에서 모바일 전단의 효과를 톡톡히 보고 있다. 모바일 전단은 전문용어로 표현하면 '마이크로 사이트' 또는 '랜딩 페이지'라고 부른다.

〈이미지 2-6-3 마이크로 사이트와 일반 홈피 비교〉

코로나로 인해 고객의 오프라인 매장 방문이 쉽지 않다. 이때, 잘 아는 매장에서 모바일 전단 형식으로 신제품과 행사제품을 노출하면 해당 제품을 구매할 가능성이 높다.

〈이미지 2-6-4 오프라인 매장에서 준비하는 온라인 특가 세트 행사〉

코로나 시대에는 온라인 매출에 집중하면서, 오프라인의 기존 고객이 떠나지 않도록 데이터를 최대한 잘 관리해야 한다. 그래서 기존 고객들과 소통하면서 신규 고객도 창출하고, 구매로 쉽게 연결할 마케팅 도구가 반드시 필요하다. 무작정 온라인 홍보물을 제작한다고 마케팅이 되는 것이 아니다. 고객과 기업의 3가지 니즈인 '판마고' 판매, 마케팅, 고개관리를 반드시 이해하고 내 제품의 3가지 강점도 분석하여 온라인 홍보물을 잘 만들어야 큰 효과를 볼 수 있다. 앞으로 시스템은 누구나 쉽게 사용할 수 있게 점점 간소화되고, 최적화될 것이다. 성공과 실패의 차이는 지식의 실행이다. 3가지 니즈와 3가지 강점을 잘 이해하고 기획서로 만든 후 마케팅을 실행해야 좋은 결과물이 나온다. 온라인과 오프라인을 잘 혼합하여 고객 데이터를 잘 관리하면서 매출을 최적화하고 극대화하면, 코로나 포함 그 어떤 어려운 상황이라도 잘 이겨낼 수 있을 것이다.(이상엽 책사)

7) 기업이 살 길 고객 빅데이터 수집이 답이다!

온라인 마케팅과 고객관리는 기업이 꼭 알아야 하는 필수조건이다. 대기업은 CRM 시스템으로 고객을 관리하지만 중소기업은 고비용의 CRM 시스템을 도입하기가 쉽지 않다. 그래서 중소기업은 이론적으로 고객관리의 중요성을 먼저 이해하고 쉬운 엑셀 관리부터 시작해야 한다. 기업이 성장하려면 고객관리가 필수이고, 중소기업, 개인사업자 중에서도 성공하고 있는 기업들은 대부분 고객관리를 하고 있다.

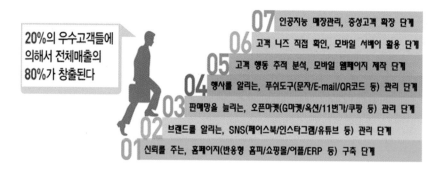

〈이미지 2-7-1 온라인 고객관리 7단계〉

우선, 온라인 고객 관리 7단계를 이해해야 한다. 모든 기업은 온라인 고객창출 관리 7단계 어딘가에 있다. 1단계는 가장 기초가 되는 홈페이지(쇼핑몰) 구축 단계이다. 고객은 홈페이지(쇼핑몰) 없는 브랜드를 신뢰하지 않는다. 2단계는 유튜브, 페이스북, 인스타그램, 블로그, 카톡 채널 등 여러 SNS 마케팅 채널을 통해 브랜드를 강화하는 단계이다. 2단계는 판매를 하는 것이 아니라 브랜드를 강화하는 단계이다. 그래서 SNS에서 판매를 하려고 판매 광고를 올리고 판매 링크를 달면 고객들이 반감하여 떠나거나 역효과가 난다. SNS(소셜 네트워크 서비스)는 이름처럼 온라인에서 친구를 만드는 공간이다. 3단계는 판매 채널을 다양하게 만들어서 판매를 극대화하는 것이다. 일반적으로 오픈마켓은 G마켓, 옥션, 11번가, 네이버스토어팜, 인터파크, 위메프, 쿠팡, 티몬 등을 이야기한다. 4단계는 고객들에게 여러가지 모바일 마케팅 도구로 노출하면서 푸쉬하여 특정기간 동안 매출을 극대화하는 도구를 사용하는 단계이다. 일반적인 푸쉬도구로 문자, 카카오톡, 이메일, QR코드, NFC, 비콘 등이 있다. 5단계는 고객 행동을 모바일 전단을 통해 추적하는 단계로 종이로 된 홍보물을 모바일로 잘 옮겨 시스템화 한 것이다. 그런데 그냥 종이 홍보물을 그대로 크기를 줄여서 모바일로 보면 내용이 작고 보기 불편하다. 그래서 적절하게 내용을 모바일에 맞게 재구성한다. 옆으로 넘겨볼지, 아래로 내려볼지, 버튼을 클릭하여 넘길지, 틀은 그대로 두고 안에 내용만 바꿀지 등 여러가지 방법으로 재구성할 수 있다. 고객의 행동을 트래킹(Tracking : 추적)하고 그 결과가 리포트 되는 것이 중요하다. 6단계는 고객에게 직접 물어보고 실시간 고객의 니즈를 반영하여 판매를 할 수 있는 정보

를 모으는 것이다. 보통은 모바일 설문조사를 통해 정보를 모은
다. 일반 설문과 다른 것은 마케팅용 설문조사이기 때문에 ①설
문의 중립을 지키지 않고 설문이 종료되면 해당 브랜드에 대한
인식이 좋아지고 제품을 사고 싶게 만들고 ②기존 설문처럼 5백
명, 1천명 설문에 응답하면 종료되는 것이 아니고 많이 노출될
수록 좋기 때문에 인원제한이 없으며, ③ 마케팅 경품 증정의 이
유로 기간 제한은 정확하게 지키고, ④ 설문회사의 리서치패널
(research panel: 조사단)을 사용하는 것이 아니고 해당 브랜드
의 실제 구매고객을 대상으로 진행하기 때문에 설문 결과에 대
한 신뢰도가 훨씬 높다. 마지막으로 ⑤ 일반 모바일 설문과 가장
큰 차이점은 바로 비주얼이다. 잡지책 표지처럼 예쁘게 만들어
서 고객이 다음 질문이 궁금하게 만들어서 응답률을 높인다. 7
단계는 6단계 조사결과를 토대로 인공지능이 분석하여 실시간
으로 프로모션을 진행할 수 있는 수준이다. 실시간 5점평가 질
문에 대한 고객 응답 결과를 실시간 취합하여 수백, 수천개의 매
장을 1등부터 꼴등까지 상세하게 평가할 수 있다. 주관식 응답
결과는 자연어 처리하는 구글의 맵리듀스 방식과 유사하게 제작
된 인공지능으로 분석하여 고객의 니즈를 주관식 답변을 수치화
할 수 있다. 1~4단계까지는 몰라서 못하는 것이 아니라 기업마
다 수준 차이가 있는 것이다. 5단계 이후부터는 대기업이 주로
활용하고 있으며 최근 기술의 발달로 중소기업들도 적극 사용하

고 있다. 이제 중소기업들도 저비용 빅데이터 분석 및 CRM 마케팅 시스템을 구축하고 있다.

단골고객, 팬덤 관리가 왜 중요한가? 무한경쟁 속에서 브랜드의 가치를 높여 더 잘 판매하기 위해서는 단골 고객관리가 필수적이다. 단골고객 관리는 브랜드 가치를 높이고, 경쟁사 대비 차별화를 가져오고, 판매가격도 높게 유지할 수 있게 만든다. 잘 알려진 광고 카피 중에 "사랑은 움직이는 거야"라는 말이 있다. 말 그대로 고객의 사랑도 언제든지 경쟁사로 움직일 수 있다. 고객의 사랑도 등급에 따라 변한다. 고객 등급을 분류하는 기준은 크게 4가지이다. 첫번째 매출기반가치 기준으로 얼마나 매출에 기여하는지를 확인하여 등급을 정하고 분류하는 방법, 두번째 수익기반가치 기준으로 수익에 얼마나 많이 기여하는지에 대해 등급을 정하고 분류하는 방법, 세번째로 라이프스타일 기준으로 연령별, 소득별, 관심품목, 소비형태로 구분하는 방법이 있다. 예를 들면, 20대 저소득 다품종 소액 구매고객, 40대 고소득 신사숙녀복 구매고객, 등 라이프 스타일 형태로 고객을 그룹핑하여 구분한다.

구분		한줄정의
① 잠재고객		구매 경험 없지만 구매 가능성이 있는 모든 고객
② 신규고객	가입고객	1개월 이내에 회원으로 가입한 고객
	신입고객	3개월 이내에 브랜드를 인지하고 호감을 가진 고객
③ 기존고객	상승고객	등급이 상승하는 고객
	하락고객	등급이 하락하는 고객
	유지고객	등급이 현 상태를 유지
	이탈가능고객	등급이 계속 하락하는 고객
④ 단골고객		가입기간이 1년 이상, 월 평균 2회 이상 방문 구매
⑤ 충성고객		브랜드 사용을 자랑스러워 하는 고객, (주변 홍보함)
⑥ 이탈고객	이사고객	물리적으로 기존 매장을 방문할 수는 없는 상태
	실제 이탈고객	최근 3개월간 비구매, 서비스 불만족 → 경쟁사로 이동
	휴면고객	회원 가입한 이후 최근 1년간 무실적인 고객

〈이미지 2-7-2 고객의 상태로 고객 분류 관리표〉

마지막으로 네번째는 가장 많이 알려지고, 기업과 고객들이 쉽게 이해하는 방법으로 '고객의 상태'를 가지고 분류하는 방법이다. 고객 상태를 ①잠재고객, ②신규고객(가입고객, 신입고객), ③기존고객(상승고객, 하락고객, 유지고객, 이탈가능고객), ④단골고객, ⑤충성(loyalty)고객, ⑥이탈고객(이사고객, 실제이탈고객, 휴면고객)으로 크게 6단계로 분류할 수 있다.

〈이미지 2-7-3 고객 빅데이터는 6하원칙 수집〉

앞으로의 미래, 기업이 영속하며 살 길은 고객 빅데이터 수집이 답이다! 판매 및 재구매를 위해 고객 빅데이터는 6하원칙을 모아야 한다! 누가, 언제, 어디서, 무엇을 어떻게, 왜 했는지 정보를 가지고 있으면 재구매율을 높일 수 있고 고객관리의 핵심 정보가 될 수 있다. 고객 정보 '6하원칙' 수집할 때 순서는 중요하지 않다. 순서는 뒤바꿔도 의미는 100% 통한다. 예를 들면 '내가, 오전에, CU편의점에서, 초콜릿을, 샀어, 당떨어져서' 라고 이야기하면 해당 순서를 어떻게 뒤 바꾸어도 의미는 100% 통한다.(이상엽 책사)

빅블러 시대
유통 물류 글로벌 미래비전

3

물류

❸
물류

1) 월마트와 아마존 비교분석 – 아마존편

전자상거래 세계 1위 기업인 아마존의 온라인 유통과 물류혁신의 변화는 지속적인 성장을 진행하고 있다. 2019년 매출은 2,805억 달러이고 2020년은 3할 이상 늘어 3,860억 달러의 실적을 달성하였다. 1994년에 설립하여 2010년대에 시가총액에서는 월마트를 앞서기 시작했고 2021년 6월 현재 월마트의 3,900억 달러의 4배 이상인 1조 7천억 달러의 규모에 이른다. 아마존의 물류 웹 서비스 매장 거래 등 다양한 비즈니스 사례를 살펴본다.

●●● 아마존의 기업상황과 사업분야
글로벌 시장에서 전자상거래 1위 기업으로 매출액과 영업이익이 매년 큰 폭으로 늘어나 주식 총 가치도 세계 3위에 오를 정도로 성장한 아마존의 변화와 혁신은 전 세계적으로 주목되고 있다. 아마존은 1994년에 설립되어 전 세계 13개국 이상에 진출해 2019년에는 2805억 2200만 달러의 매출을 올렸다.

전세계에 대규모 물류센터에 키바 로봇을 도입하여 물류의 효율성과 생산성으로 인력의 효율적 운영을 추진하고 있다. 2000년대 중반부터 물류센터의 풀필먼트화를 최초로 추진하였고 배송은 3자물류기업에 아웃소싱하여 물류거점의 최적화와 네트워크의 안정화에 주력하면서 매출대비 수익이 나오면 물류인프라 확보와 고객의 구매 데이터의 활용에 많은 투자를 하였다. 2000년 마켓플레이스 서비스를 시작한 후 2005년에 아마존 프라임 서비스를 개시, 신선상품의 후레시 배송, 가정 내 자동 주문 아마존 대시에 이어 2013년에는 드론프라임에어를 발표했다. 여기에 물류비 절감과 인력 수급의 어려움을 극복하기 위해 대형창고 내에 키바 로봇 시스템을 도입하는 등 물류현장에 ICT를 융합하여 혁신적인 성과를 내고 있다.

아마존이 전에 선보인 무인점포 '아마존고'는 컴퓨터 비전, 딥러닝, 센서융합 등의 기술을 이용해 소비자가 진열대에 있는 물건을 집었다가 마음이 변해 다시 갖다 놓아도 이를 스스로 인식해 아마존 앱에 있는 가상 쇼핑 카트에 정확히 저장된다. 쇼핑을 마친 후 그냥 나가면 된다. 상점의 크기는 약 50평 규모로 아마존고 앱이 설치된 스마트폰과 아마존닷컴 계정만 있으면 된다. 아마존은 고객지향적인 서비스로 온라인에 이어 오프라인 매장까지 강화하면서 고객주문의 빅데이터를 통해 적정재고와 빠른 배송의 물류혁신으로 가치를 향상시키고 있다. 배송에는 신선한 상품을 1시간에 갖다주는 후레쉬 배송을 시작으로 고객이 집에 없어도 사전에 연락하여 승인되면 문을 열고 들어가 주문 상품을 안에 넣고 나갈 수도 있는 비즈니스도 만들었다.

●●● 아마존 비즈니스모델

아마존은 세계적인 전자상거래 및 클라우드 컴퓨팅 서비스 기업으로 가장 큰 클라우드 인프라를 제공하는 최고의 물류 시스템을 구축하고 있다. 아마존의 비즈니스 모델을 물류, 웹서비스, 내상 거래 측면을 설명해 본다.

1. 물 류

아마존은, 물류 시스템의 자동화와 무인화 로봇화를 추진하고 있다.

(1) 아마존 드론(프라임 에어)

(출처: 아마존 홈페이지)

〈이미지 3-1-1 아마존 프라임 에어〉

아마존 프라임 에어는 '드론'을 이용하여 배송 서비스를 하고 있다. 아마존은 최초로 드론으로 배송하는 것을 시도하였으며, 이 분야의 선구자라고 할 수 있다.

우선 Prime Air는 드론을 활용, 물류창고에서 드론을 통해 5파운드 이하의 제품을 30분 이내로 배송하는 서비스를 제공한다. 그리고 공중의 비행선을 물류 창고화로 만들어 항상 떠있는 상태에서 드론을 이용하여 목적지까지 배송하는 방식으로 프라임 에어십(prime airship)도 진행 중이다.

〈이미지 3-1-2 아마존에어십〉

(2) 결제 예측 배송 (Anticipatory Shipping)

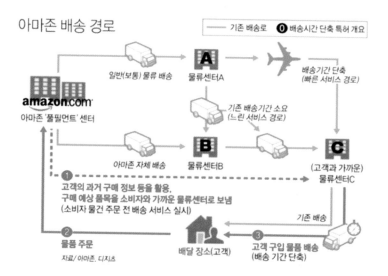

〈이미지 3-1-3 아마존 배송경로〉

아마존 마켓 사이트에서 고객이 상품을 장바구니에 담고 결제할 것으로 예상될 때, 고객이 아직 결제를 하지 않았음에도 물건을 포장하여 즉각 배송하는 서비스이다. 아마존은 이 기술에 대한 특허를 보유하고 있다. 단, 낮은 확률로 고객이 결제하지 않았지만 배송되는 경우도 있는데, 이 경우에는 고객에게 선물로 그냥 준다고 한다.

(3) 키바 로봇

(출처: 아마존 홈페이지)

〈이미지 3-1-4 키바로봇〉

아마존의 물류 시스템을 자동화하는 로봇이다. 로봇이 없는 경우 수많은 인력과 인건비를 필요로 하며 로봇으로 하는 것보다 효율이 떨어진다. 하지만 키바 로봇을 이용하면 물류센터의 거의 모든 것이 자동화되어 시스템의 효율이 극대화된다. 아마존이 우수 기업 Zappos에서 도입했던 KIVA 시스템을 눈여겨보았으며, 7억 7500만 달러에 인수하였다.

(4) FBA (Fullfillment by Amazon)

	Receive items, label them, 6 create a shipment to amazon
	send shipment data 6 products to amazon
	amazon stores products: monsoon commerce lists inventory
	products are priced 6 re-priced automatically: customers purchase the product
	amazon picks 6 packs purchased products
	amazon ships purchased products to customers

FULFILLMENT by amazon

〈이미지 3-1-5 Fullfillment by Amazon〉

판매자가 아마존에 상품을 납품하면, 해당 상품을 아마존의 물류 네트워크를 통해 판매 및 배송까지 할 수 있도록 하는 서비스이다. 아마존의 물류 수입 대부분은 FBA에 의한 것이다. Store(보관), Pick and Pack(처리), Ship(배송)을 아마존이 저렴한 가격에 서비스해준다.

(5) 선박 물류

아마존의 선박 물류는 다른 선박물류 기업들과는 다른 시스템을 갖추고 있다. 바로, 아마존 컨테이너선을 연안에 띄우고, 그것을 이동식 창고로 사용하는 방식이다. 다른 교역선이 이 컨테이너 선에 접근하여 물품을 수입해가거나, 연안에서 내륙까지 드론으로 수화물 운송도 가능하다.

2. 웹서비스

(1) AWS (Amazon Web Services)

(출처: 아마존 홈페이지)

〈이미지 3-1-6 Amazon Web Services〉

아마존에서 서비스 중인 클라우드 컴퓨팅 플랫폼으로 웹 서비스를 위한 다양한 서비스를 제공한다.

(2) 아마존에코(Echo)

(출처: 아마존 홈페이지)

〈이미지 3-1-7 아마존에코〉

음성인식 시스템인 '알렉사'와 연결되어 음악 연주나 뉴스, 스포츠, 날씨 등 필요한 정보를 제공하는 시스템인 사물인터넷(IoT) 기능으로 집안의 다양한 물건들을 제어할 수도 있다.

3. 매장거래

(1) 오프라인 북스토어

아마존의 오프라인 북스토어는 다른 북스토어들과는 다르다. 바로 아마존이 온라인 마켓을 하며 모은 '빅데이터' 때문이다. 빅데이터를 통해서 충분히 팔릴 수 있는 책들을 진열을 하고, 다양한 방법으로 분석한다. 아마존은 이런 빅데이터를 토대로, 또 다른 오프라인 시장에 진출하는 것을 노리고 있는 것이다.

(출처: 아마존 홈페이지)

〈이미지 3-1-8 아마존 오프라인 북스토어 매장〉

아마존의 사물인터넷(IoT) + 인공지능 분야는 지속적으로 개발 중에 있으며 아마존고에 앞서 개설된 아마존북, 즉 오프라인서점은 2015년 11월에 시에틀에 개설되었다. 온라인 서점과 같이 고객평점, 큐레이터, 리뷰 등을 똑같이 오프라인으로 옮겨 놓아, 온라인에서 쇼핑하는 경험은 유지한 채로 리얼한 쇼핑 경험을 함께 제공함으로 인기를 모았다. 킨들, 에코, 파이어티비 등의 체험공간도 함께 제공함으로써 온라인에서 즐길 수 없었던 리얼리티를 제공하였다.

(2) 아마존 고(Amazon Go)

2016년에는 쇼핑몰의 일부 아이템, 즉 식료품들 중심의 오프라인 매장 아마존고를 오픈했다. 이것은 무인매장으로 아마존고 앱을 켜 놓고 들어온 고객의 움직임, 제품의 무게, 위치 등을 추적하여 어떤 종류의 제품을 얼만큼 구매했는지 자동으로 체크하여 계산하는 매장이다. 아마존고는 고객이 아마존 마트에서 백(bag)이나 카트에 물건을 담고 나가기만 하면 자동으로 결제 청구되는 서비스이다. 컴퓨터비전(Computer Vision) 기술과 딥러닝(Deep Learning) 기술을 활용한다.

계산대에서 고객들이 줄을 서서 시간을 소모할 필요가 없을 뿐만 아니라, 계산대 직원이 필요가 없으므로 인건비가 대폭 절감된다.

(3) 아마존의 O2O 기술분야- 후레쉬픽업

아마존 후레쉬 픽업(fresh pickup)은 최근에 도입된 서비스로 온라인으로 주문 후 고객이 정해 놓은 시간에 자동차를 몰고 아마존 후레쉬(amazon fresh) 오프라인 매장으로 방문하면 점원이 손수 주문 상품들을 차에 실어주는 서비스이다. 즉 O2O 기술의 접목이라 할 수 있다. 이를 통해 고객 편의성뿐만 아니라 배송비용까지 줄일 수 있게 된다.

(4) 스카우트 무인배송

2019년부터 아마존무인배송로봇 스카우트배송을 시작하였다. 진공청소기처럼 생긴 스카우트는 전기 충전식 배터리를 사용하며 6륜 바퀴를 이용해 사람이 걷는 속도로 인도를 따라 이동해 주문 고객 집 앞까지 상품을 배송해 준다. 스카우트는 자율 주행 기술이 적용돼 스스로 물류창고에서 고객 배송지까지 이동하고 다시 돌아온다. 아마존은 서비스 초기에는 아마존 직원이 스카우트와 동행해 만약의 상황에 대비하였다고 한다.

(출처: 아마존 홈페이지)

〈 이미지 3-1-9 아마존의 배송로봇 〉

시애틀에 위치한 아마존 기술 연구소가 독자적으로 개발한 스카우트는 인도에서 보행자와 애완동물 등을 구분하고 여러 경로에서 안전하고 효율적으로 이동하도록 설계 되었다. 미국 워싱턴주 시애틀 북부에 위치한 스노호미쉬카운티지역에서 우선적으로 배송 서비스를 시작한 스카우트는 총 6대로 아마존 이용자는 기존처럼 아마존앱, 또는 웹사이트에서 주문하면 이 지역 고객을 대상으로 배송 서비스를 제공한다. 프라임 회원의 경우 당일 ~2일 안에 상품을 받아 볼 수 있다. 안전을 위해 월요일부터 금요일까지 낮 시간을 이용해 배송한다.

현재 온라인의 매출실적은 아마존이 월마트에 비해 절대적인 우위에 있다. 아마존의 온라인 매출은 큰 폭으로 증가하면서 전체 매출에서 70% 이상을 차지한다. 반면, 월마트의 전체 매출에서 온라인 매출은 10% 정도 밖에 되지 않는다. 월마트는 미국의 500대 기업에서 매출 1위를 선점하고 있고, 월마트의 매출 규모가 아마존에 비해 약 200조 원 많은 상황이다. 아마존이 오프라인 시장으로의 진출을 위해 많은 사업을 펼치고 있지만 연관 기술을 개발하는데 시간적, 물리적, 경제적 제약이 많이 따라오고 있고, 이에 반해 이미 오프라인 시장에서 압도적 우위에 있는 월마트는 보다 수월하게 온라인 시장 진입을 하고 있는 상황을 보았을 때 단기간에 아마존이 월마트를 따라잡기에는 힘든 상황으로 예상되었으나, 2020년부터 위드 코로나 시대로 인해 국내외의 전자상거래 물량이 크게 늘고 당분간은 계속 증가할 것으로 보여 2030년 안에는 아마존이 월마트의 매출 규모를 넘어설 가능성도 예상된다.(조철휘 회장)

2) 월마트와 아마존 비교분석 - 월마트편

유통기업 중에서 2020년 매출액 5,591억달러(621조원)로 세계1위를 차지하는 월마트는 1980년대부터 매일 저가격 판매와 매장의 발주에서 적정재고와 빠른 배송의 연결로 이어지는 물류혁신은 경쟁타사보다 앞섰다. 1962년에 아칸소주에 1호점을 설립한후 미국과 해외로 유통기업 중에서 오프라인 매장확대를 계속 확대하다가 2010년대를 전후하여 아마존의 온라인 시장 급성장으로 인해 온오프라인 융합형의 비즈니스를 확대하고 있다.

●●● 월마트의 기업상황

샘월튼의 창업자가 1962년에 전 재산을 걸어 로저스에 월마트 1호점을 오픈 한 후 전국으로 점포를 확대하기 시작하였고 1980년대에 인공위성을 이용해 매장과 물류센터의 재고관리와 최적화 배송을 추진하여 물류비를 절감하고 항상 저가격(EDLP: EveryDay Low Price)의 서비스를 실현하였다. 이로인해 고객의 욕구 중에 가격이 민감하다는 점을 파악하여 타 점포에 비해 광고비를 줄이고 10-20% 정도 저렴하게 판매하였다.

언제 어디서나 가장 싼 가격을 제공한다는 슬로건을 내걸고 시작된 월마트는 1972년 뉴욕 증권거래소에 상장하기 시작하였고 월마트의 2016년 연간 보고서(AnnualReport)에 따르면 매출액은 4,821억 달러, 엉업이익은 146억 9천만 달러를 기록하게 된다. 코로나19를 진행하고 있는 5년후인2021년1월 결산에는 5,591억달러의 매출을 올리게 된다.

●●● 재고실사 드론과 자율주행배송

(출처: 월마트 홈페이지)

〈이미지 3-2-1 월마트 물류센터내 드론으로 재고실사〉

월마트는 2010년대 들어와 아마존의 급성장으로 인해 한 해 동안에 150여개의 오프라인 매장을 폐점하는 아픔을 겪었다. 이에 온라인분야를 강화하기위해 '아마존보다 더 싼 가격'을 내세운 제트닷컴과 온라인 신발 쇼핑몰인 슈바이(ShoeBuy), 온라인 아웃도어 쇼핑몰무스조(Moosejaw)를 인수하여 오프라인과 온라인의 융합을 확대하고 있다.

*재고실사 드론활용

월마트는 4만평 규모의 물류센터에 미래형 드론 활용을 추진하고 있다. 1초에 30장의 사진을 촬영하는 드론이 선반위치를 확인한 후 제품이 다른 선반에 있으면 바로 통제센터에 통지한다. 실시간 업데이트되는 지도에 빨간색 마크가 켜지고 직원이 확인후 제품을 이동시킨다. 수동으로 스캔하면 2명이 한달 동안 작업할 일을 드론을 사용하면 2명이 한시간에 작업을 마칠 수 있다. 월마트는 이같이 드론을 활용한 재고관리 및 배송 시스템의 물류혁신노력을 계속 하고 있다.

*자율 주행 차 배송

포드는 2018년 11월 14일에 세계 최대 규모의 유통기업인 월마트와 제휴하여 자율주행차에 의한 배송 서비스를 시험하였다. 2017년의 여름부터 도미노피자와 공동으로 자율주행차를 활용한 피자배달 실증 실험을 펼쳐 왔다.

소비자가 스마트폰 앱을 이용해 배달차의 GPS를 추적하고, 도착하면 잠금 해제 코드를 통해 차에서 피자를 꺼내는 방식이다. 여기서 얻은 사업 노하우를 바탕으로 포드는 택배 전용 자율주행차를 개발했다. 현재 이 택배 전용자율주행차를 개인용 배달 서비스 회사인 포스트 메이트는 포드 자율주행차를 가지고 월마트 제품을 고객에게 전달하게 되었다.

올해 들어 월마트는 2021년 4월 16일에 자율주행차 업체 크루즈(cruise)에 27억 5천만 달러를 추가로 투자하기로 했다. 지금까지 혼다 GM 웨이모 마이크로소프트처럼 자율주행차 부문에 6개 회사 등 선두그룹과 투자 관계를 유지하고 있다.

월마트는 바닥청소 로봇을 도입하였다. '폭스비지니스'는 월마트가 아칸소주 벤톤빌에 있는 본사 근처 5개 매장에서 야간 근무 시간에 로봇 청소기로 바닥 청소를 테스트하게 된다. 엠마(Emma)라는 이 기계는 샌디에고에 본사를 둔 벤처기업 브레인콥(Brain Corp)이 만든 제품으로 자율주행 차량과 유사한 기술을 사용하고 있다. 광범위한 카메라, 센서, 알고리즘 및 탐색 매핑을 위한 라이더 등을 포함한다. 유일한 차이점은 바닥을 문질러 닦는다는 것이다. 월마트는 그동안 유지 보수 인력 가운데 한 명은 수동으로 바닥 청소 차량을 운전하는데 배치했으나 앞으로는 모든 직원을 다른 업무에 배치할 수 있게 되었다.

*월마트의 바닥청소 로봇도입 추진

(출처: 로봇신문사)

〈이미지 3-2-2 월마트 바닥청소 로봇〉

월마트는 IBM과 손잡고 식품이력을 추적하는 블록체인 기술을 개발하고 이것을 활용하여 배송드론 또는 지상로봇을 관리하는 기술에 특허를 신청하여 정보기술부터 온라인 소매업, 식품사업까지 아마존과의 경쟁을 고려하여 연대적인 움직임을 보이고 있다.

비즈니스 전략으로 가격경쟁력을 바탕으로 맞춤형 할인 전략으로 제트닷컴을 인수하여 자체 알고리즘을 활용해 멤버쉽 서비스의 강화와 배송 서비스를 확대하고 있다. 충성도 높은 고객과 기존 고객들에게 무료배송과 온라인 주문 후 오프라인 매장에서 물품 픽업을 하는 서비스도 확대하여 제공하고 있다.

월마트와 아마존을 비교해 보면 매출 규모는 2020년 기준으로 월마트가 621조 원으로 아마존의 429조 원보다 약200조 원 정도 앞서고 있으나 언택시대의 영향으로 온라인 주문이 폭증하고 있어 아마존의 매출은 큰 폭으로 늘고 있다. 시가총액은 2021년 4월 26일 기준 월마트가 431조 원으로 아마존의 1,912조 원에 비해 23%에 불과한 상황이다. 세계 유통기업 1위 월마트와 전자상거래 1위인 아마존의 보이지 않는 경쟁은 계속 진행될 것이다.(조철휘 회장)

3) 미래의 커머스는 물류와 IT기술이 필요하다.

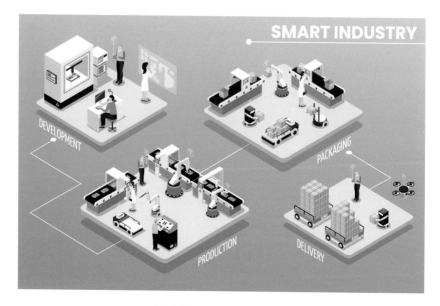

〈이미지 3-3-1 Smart Industry〉

라이브 커머스, 드라마 커머스 등 온라인유통업계를 계속적으로 발전되면서 미디어 커머스도 활성화되고 있다. 그럼 오프라인 유통업계의 생존방향은 과연 무엇인가? 전 세계적으로 상품의 주문에서 배송까지 단계 중에 소비자(고객)에게 배달되는 라스트마일 딜리버리(Last mile Delivery)가 활성화되고, 이제는 2시간 내 배송, 30분 내 배송이라는 배송전쟁 시대에 도달해 있다. 이러한 배송을 통한 고객만족을 강화하기 위해서 오프라인뿐만 아니라 온라인 유통업계들도 도심형 물류센터, 마이크로 풀필먼트, 다크스토어 (Dark Store)등 물류에서 해답을 찾고 있다. 통상 물류센터는 수많은 상품을 보관하고 유통가공하기 위하여 수도권 근방에 인구가 밀집되어 있지 않은 곳에 위치하고 있다. 상품을 입출고하는 중대형 화물차량과 작업자의 안전과 관련된 여러 규제도 있지만, 물류비 중 인건비와 보관비(상품보관 및 배송을 위한 물류센터 임대와 관리비용)의 비중이 높기 때문이다. 최근에는 소비자 만족도를 향상하고 보다 많은 고객을 확보하기 위해서 빠른 배송이 필수적인 요인이 되고 있으며 기존 오프라인 매장을 활용한 도심형물류센터가 확대되고 있다. 또한 온라인으로 주문받은 상품을 보관, 유통가공, 배송해 주는 온라인 전용매장인 '다크스토어'도 확대되고 있는 추세이다. 세계최대 전자상거래 기업인 아마존은 뉴욕에 온라인 주문의 효율화를 위하여 식료품체인 홀푸드 매장에 '다크스토어'를 운영하고 있으며(Wholefoods is Amazone Warewhouse), 월마트도 '월마트 픽업 포인트(Walmart Pickup Point)' 라는 온라인 주문 후 고객이 픽업하는 서비스를 시카고에 운영하고 있다. 국내 대형 온오프라인 유통사들도 주문된 상품을 빠른 시간에 고객에게 배송하기 위하여 피킹(Picking) 및 패킹(Packing)에 대한 자동화에 초점을 두고 오프라인 매장을 변신 중에 있다.

코로나19로 인하여 신선식품에 대한 주문이 증가된 원인도 있지만 품질과 배송면에서 지역내 중소형 상권을 활용하고 있는 40대~60대 신규 고객층을 확보하여 이커머스의 규모를 확대하는데 기여를 하였다. 이커머스 업계에서는 신규고객을 계속적으로 확보해야 하는데 중장년층의 경우 온라인 보다는 오프라인 쇼핑에 익숙해져 있음으로 이들 고객층을 온라인으로 흡수하는데 성공한 경우이다. 그러나, 오프라인 매장이 온라인을 담당하는 물류센터로 변화하기 위해서는 추가직인 인프라 구축 비용과 규제 등을 해결해야 한다. 또한 과다경쟁이 치열할 경우 도심형 수요에 대한 니즈는 한계가 있음으로 투자대비 효율성에 대한 부분도 면밀하게 살펴야 하며, 빠른 성장추세에 따라 기회도 상대적으로 한정적일 수 있음으로 고려해야 할 부분이 많다.

물류와 배송을 위한 인프라 변화와 투자도 중요하지만 이제는 데이터 시대이다. 과거에는 특정 데이터를 가공한 다소 획일적인 정보를 활용하였으나, 이제는 유통물류에서 생성되는 데이터는 상호 연결고리가 있음으로 연관된 데이터를 결합하여 부가가치가 높은 정보로 발전시키고 있다. 정보통신기술은 계속적으로 발전되고 있으며 인공지능(AI), 증강현실(AR), 가상현실(VR), 사물인터넷(IoT), 빅데이터 등이 복합적으로 현실과 접목되어 확산되고 있다.

국내는 지리적, 지역적 밀집도가 높고 정보통신 기술의 발달로 인터넷 가구 보급률은 이미 세계적으로 최상위권에 도달해 있다. 언제 어디서나 데이터를 활용할 수 있으며, 이들 데이터가 양방향으로 전달되고 있다. 유통을 활성화하기 위해서는 사물인터넷을 활용하여 빅데이터를 생성하고 정보통신 인프라를 활용하여 증강현실(AR)과 가상현실(VR)을 접목한다면 오프라인 유통에서도 보다 편리하고 보다 현실에 가까운 환경을 구축할 수 있다. AR과 VR이 결합되어 쇼핑에 대한 가상경험을 제공하고 구매로 연결되는 서비스가 상용화 되고 있다. 아마존, 이케아, 월마트 등의 세계적인 유통기업과 글로벌 패션기업들은 가상서비스(Virtual Store)를 도입하여 운영하고 있다. 결국 위드 코로나(with COVID)시대에는 언제 어디서나 가상현실을 이용하여 가상의 매장을 방문할 수 있도록 하여 소비자로 하여금 상품 선택의 폭을 넓혀야 한다. 또한 데이터를 활용하여 빠른 배송이 가능하도록 물류와 다양한 정보통신 기술이 접목된다면 오프라인 매장에서도 다양한 서비스가 제공될 수 있을 것이다.

(김병기 박사)

4) 물류센터와 풀필먼트 무엇이 다른가?

상품의 판매와 결제가 용이하고 국내외의 전자상거래 수요가 매년 증가하고 있다. 2020년에는 코로나19의 영향으로 거리두기를 하는 언택시대가 계속되면서 특정 장소인 집, 사무실의 공간에서 주문하는 물량이 지속적으로 늘어만 간다. 제조에서 만든 상품을 보관하고 주문이 들어오면 나가는 공간을 물류센터라고 하고 온라인 전용으로 회전율이 높은 상품의 수주 이행에 대응한 것이 풀필먼트 센터이다.

●●● 물류센터와 풀필먼트의 차이

물류센터의 주요 기능은 기본적으로 보관, 하역, 유통가공, 수송, 포장이 5대 기능이고 거래처의 고객이 주문한 물량을 정확하고 빠르게 출고하게 되면 최종 고객에게 빠르고 안전하게 배송하는 것도 중요하다.

물류센터는 상품의 보관상태에 따라 상온, 냉장, 냉동 등 3온도대로 구분한다.

상온은 15~20℃의 정온을 포함하여 25℃까지이고, 냉장은 청과물, 유제품, 저온 축산물을 포함한 0~10℃까지이고, 냉동은 냉동식자재, 냉동식품, 아이스크림, 초냉동품의 18℃ 이하로 구분한다. 보관 온도는 물류센터에 따라 다르고 중간 온도대 구분에 따라 4온도대로 분류하는 경우도 있다. 신선 관리 상품으로 두부, 콩, 샐러드류 등 매일 납품이 필요한 식품군을 일일배송 상품이라고 한다.

풀필먼트(fulfillment)는 상품 수주 후에 발생하는 업무 전반, 즉 고객의 물건을 준비하고 전달하는 주문처리 과정을 말한다. 처음 등장하게 된 것은 1999년에 아마존이 물류센터명을 "풀필먼트센터"로 변경하면서 시작되었다.

풀필먼트는 크게 2가지로 구분되는데, 오프라인에서의 재고 관리, 포장, 출고를 처리하는 일반적인 오더 풀필먼트(Order Fulfillment)와 이 개념을 전자상거래 시장에 적용하여 고객의 인터넷상의 거래 주문을 처리하는 이커머스풀필먼트 (E-commerce Fulfillment)가 있다.

시간과 공간의 제약이 없는 전자상거래 특성상 판매자들은 전 세계 고객들을 상대로 수백 건, 수천 건의 주문을 처리해야 하기에 수많은 물량의 재고 관리부터 선별, 포장, 출고, 배송을 관리하는 이커머스 풀필먼트의 중요성이 더욱 커지고 있으며 많은 기업들이 이 풀필먼트 시스템에 적극적으로 투자를 하고 있다.

세계 최대 전자상거래 기업 아마존은 아마존FBA(Fulfillment By Amazon)라는 이름의 서비스를 제공하고 있는데 이것은 아마존이 아마존 셀러들에게 자체적으로 제3자 물류를 제공하는

것이다. 피킹, 포장, 배송 등 전문적인 기술을 갖춘 아마존이 판
매 플랫폼의 역할을 하기 때문에 아마존 소규모 셀러에게 편리
한 시스템으로 자리 잡고 있다.

〈이미지 3-4-1 풀필먼트 업무흐름〉

●●● 풀필먼트 센터 특징

물류센터와 마찬가지로 풀필먼트 센터는 운영주체와 보관기관,
운송의 흐름과 기술적인 면에 따라 분명한 차이가 존재한다. 자
가 운영하는 아마존과 쿠팡, 마켓컬리도 있으나 물류대행의 제3
자물류 업체들이 이커머스 업체의 주문과 업무처리를 수행하게

되어 센터 운영이 온라인상에 고객의 주문을 빠르고 효율적으로 처리하게 된다. 풀필먼트 센터는 B2B 및 B2C 물량을 모두 움직이지만, 기존 물류창고에 비해 보관에서 상품 출하까지 사이클이 짧고 최대한 빨리 제품을 필요로 하는 고객에게 제공하는 것이 중요하다. 운영은 일반 물류창고에 비해 훨씬 복잡하고 다채널 판매구조와 다품종 소량 위주의 상품, 높은 소비자 기준을 소화하기 위해 주문처리부터 포장 및 배송, 반품 처리에 이르기까지 거의 24시간 돌아가는 것이 많게 된다. 특히 오늘날 이커머스 업체들은 고객들에게 많은 포장, 배송, 반품 옵션을 제공함으로 풀필먼트 업체들은 이에 맞춰 다양하고 폭넓은 유통가공 및 배송, 반품 업무를 이행하기 위한 최고의 시스템을 갖추고 있다. 풀필먼트센터는 고객이 주문을 완료하는 시점부터 약속한 시일안에 배송까지 업무를 이행해야 하기 때문에 다양한 운송 업체 네트워크를 확보하고 당일 또는 익일 배송을 기본으로 진행한다.

이커머스의 주문 이행은 복잡하고 어려워 풀필먼트 이행의 모든 단계를 전산상에서 자동문서화 한다고 해도 주문 오류나 배송사고, 재고 불일치의 문제가 끊임없이 발생하게 된다. 고객 주문을 자동으로 취합하고, 물류인력들에게 피킹 & 패킹 오더를 전달하고, 배송을 추적하는 과정의 자동화와 전산화는 성공적인 풀필먼트를 위한 핵심 역량이다.

●●● 향후의 풀필먼트 방향

온라인 커머스의 절대 강자인 아마존은 물류현장에서 키바로봇과 팔레타이저의 자동로봇을 이용하여 전 세계에서 다수의 풀필먼트센터를 운영하고 있으며 1,000만 개 이상 되는 SKU를 취급하고 있고 아마존이 낸 특허 중에서 물류와 관계있는 것이 400개 이상이 된다고 한다. 아마존의 사례를 통해서 본 미래의 풀필먼트 센터는 다음과 같이 변화해 갈 것이다.

첫째, 저장 공간은 더 확장될 것이고 둘째, 이동하는 풀필먼트센터가 나오게 될 것이다. 셋째, 종래의 저장 공간의 효율성이 높아질 것이고 넷째, 풀필먼트 센터 내 모든 작업이 추적되고 데이터화되고 수요자는 상황에 따라 필요한 만큼 물류 서비스를 이용할 수 있게 된다.

향후에도 온라인 쇼핑 시장의 규모 확대 속도에 따라 처리해야 할 물량도 증가하고, 기업들이 배송 경쟁력을 강화하여 소비자들을 만족시키기 위해서는 사물인터넷, 물류 로봇 등 물류 신기술을 융합한 자동화된 이커머스풀필먼트 시스템을 체계적으로 구축하는 것이 중요한 과제가 될 것이다.(조철휘 회장)

5) 유통물류의 핵심은 물류센터 최적화

물류센터는 온오프라인 유통에 있어서 필수적인 요소이며 효율적인 운영을 위해서는 상당한 투자금액과 기간이 소요된다. 물류센터의 가장 중요한 핵심기능은 유통환경의 변화를 즉시 수용하며 경쟁자의 상황에 따라 탄력적으로 운영될 수 있도록 해야 한다. 최근에는 자동화 설비 도입이 활성화되고 있으며 "스마트물류센터 인증" 제도를 통하여 정부가 건축 및 운영상 혜택을 주고 있다. 또한 점차 유통과 물류의 경계가 없어지고 있으며 상호 필연적인 보완관계를 형성하고 있음으로 중요성이 더욱 부각되고 있다. 이에 최대한의 효율성과 수익을 창출하기 위하여 물류센터가 준비해야 할 사항과 고려해야 할 요소들을 제시하고자 한다.

물류센터는 물류의 영역 외에 유통의 서비스 정책까지 반드시 고려하여 설계를 해야 한다. 차별화된 서비스를 위한 철학과 정책을 기반으로 유통을 위한 물류전략을 수립하고 이를 처리할 수 있도록 물류 인프라가 구축되어야 한다. 그 반대로 진행되는 경우 실시간적으로 변화하는 유통 환경에 능동적으로 대응할 수 없으며, 물리적인 처리속도에 한계가 있거나 상당한 유지보수 비용이 발생할 수 있다.

다음은 전체적으로 물류센터를 설계함에 있어서 중요한 프로세스를 단계별로 도식화하였으며 각 프로세스 별로 상황에 맞추어서 내용을 정리하였다.

가장 중요한 것은 운영의 탄력성을 확보하기 위하여 발생될 수 있는 모든 변수를 고려하고 ①Capa.분석~②Layout 설계에 많은 검증시간을 할당하는 것이다. 물류센터는 기능별, 형태별, 서비스별로 모두 획일화할 수 없음으로 상황에 따라 해당 부분의 전문가 의견을 수렴하여 진행해야 한다. 이러한 기본적인 틀이 완성되면 ③효율화 및 최적화를 위한 요구조건 들이 제시되고 이를 수용할 수 있도록 세부엔지니어링 설계를 한다. 이 후 각 부분별 처리속도와 처리량을 고려하여 대기시간(버퍼링)을 최소화할 수 있도록 검증된 ④운영설비를 선정한다. 또한 전체 운영설비와 프로세스를 제어할 수 있는 ⑥WMS(Warehouse Management System)를 개발하고 운영설비를 설치 및 시험가동하는 단계로 진행하면 리스크를 줄일 수 있다. ⑤단계별 구축전략 및 투자계획은 검토하는데 상당한 시간과 리소스가 투여됨으로 사업을 기획하는 초기단계부터 이해관계자들과 함께 진행하는 것을 추천한다.

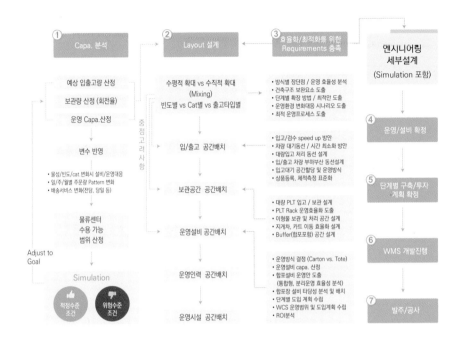

〈이미지 3-5-1 물류센터 설계 프로세스 7단계〉

다음은 위 도식화 내용 중 ②Layout 설계와 ③ 효율화 및 최적
화 부분을 수행하기 위한 세부적인 점검사항으로 인프라, 프로
세스, 정책 그리고 시스템적 측면으로 구분하였다. 다 소 물류에
전문적인 용어일 수 있으나 용어에 익숙해질 필요성이 있다. 유
통과 물류의 경계가 점차 낮아지고 있음으로 공통의 관심사항으
로 정리하였다.

Infra	• 물류설비
	• 물류장비
	• 물류센터
		• 보관설비/ 피킹 설비/ 합포설비/ 포장설비 등의 합리적 선정을 위한 방안
		   – 각 설비의 구성 비율, Spec, 소요량 및 자동화 도입 수준 등에 대한 검토
		• 하역장비/ 물류용기/ 운영장비 등 물류장비에 대한 운영방식 및 운영기준 수립
		   – 구매 vs 임대, 신규장비 추가 도입 타당성 검토 등
		• 물류센터 기본 인프라 및 지원시설에 대한 현황 파악 및 추가 요구사항
		   – 안전/ 보안/ 소방/ 전기시설 및 지원/ 부대시설 등 고려

Process	• 입고관리 • 재고관리 • 출고관리 • 배송관리 • 반품관리	• 운영 가동일수(주말근무 포함) 및 운영시간 & 인력 운영방식 등의 기준 수립 • 재고조사 관리 체계 검토 (상시조사/ 정기조사/ 혼합형) • 주문처리방식, 유통가공작업 유무, 포장작업 효율화 방안, 부자재 관리 기준 정립 • 배송서비스 유형의 추가 확대 여부 검토와 운영 방안 • 반품센터 운영에 따른 CS 변경/ 반품공정 모니터링 체계 도입

Rule	• 운영전략
	• 기본설계 전략
	• 협력사 운영정책
		• 기존 서비스 외 추가/ 변경(배송서비스 및 last mile delivery)에 대한 검토 및 결정
		   – 단계별 목표 물동량, 센터 별 운영 계획 등
		• 기본 운영 방식에 대한 유사사례 검토와 단계별 확장 방안 및 최적 시나리오 도출
		• 협력사 운영방식 결정
		   – 물류전문사 위탁 vs 하역도급사 운영, 택배사 단일업체 선정 vs 복수 택배사 운영

System	• 시스템 통합관리 • 물류지표관리 • 위기/백업관리	• SI(System Integration) 진행 관련 주요 시스템의 기능 및 역할(수행 범위) 정의 • 생산성지표 집계 및 분석/ 실시간 포털 모니터링 관리 체계 검토 • 정전, 서버 다운 등 유사시 대응 방안(Contingency Plan) 수립 • 작업 데이터의 히스토리 관리를 위한 장비 및 백업관리 체계 확보

〈이미지 3-5-2 ②Layout 설계 ③ 효율화 및 최적화 상세〉

끝으로 다음은 물류현장에서 검토 및 점검해야 할 기본적인 사항을 기술한 것이다. 만일 독자가 물류와 관련된 업무를 수행하는 경우 자료를 참고하여 진행하면 보다 좋은 결과를 얻을 수 있을 것이다.(김병기 박사)

Infra (1)	물류설비	보관설비	주요 보관설비(Pallet Rack/ Shelf Rack/ Sliding Rack/ Mezzanine 등) 별 장비별 자동화 도입여부 및 수준 결정
			유연성을 확보한 모빌랙의 도입 등 신규 설비의 도입 가능성 및 여건은 가능한가?
			보관효율이나 인력절감 측면에서 AS/RS(자동화창고) 및 보관효율 측면에서 VNA 부분도입 여부 결정
		피킹설비	피킹설비의 메인구성 조합은 어떠한 방식이 효율적인가? 단계별 도입 및 확장/ 셋업 조건 하에서 우선 고려 대상은?
			DPS 기반의 MPS 연동 조합방식의 구현 가능성은? (단일 설비라인 내에서 두가지 방식의 혼용 운영)
			합포장 설비의 역할은? (버퍼링 시퀀스 기반 역할수행 vs 오더내 주요 구분자별 포장작업 분기 및 대기역할)
			목표 물동량 처리가능, 피킹 인력의 최소화, 과도하지 않은 적정 투자비, 유연성 있는 피킹 설비 도입 결정
		포장설비	작업생산성 개선을 위한 포장설비는? 포장작업 공정에서 자동화 도입이 필요한 공정은? 완충재 투입 or 테이핑 or 라벨링
			프로세스를 통한(자동화설비 도입) 전체 개선 진행사항은?
			전자동 포장라인과 반자동 포장라인의 병행 설치 후 생산성 비교 분석 후 개선하는 방안 검토
	물류장비	하역장비	물류센터 내 입출고 보관 보충을 위한 하역장비의 운영은 어떻게 할 것인가? 렌탈 vs 구매/ 렌탈 시 관리 주체는?
			Fork lift 외 추가 도입 및 검토가 필요한 장비는 무엇이 있는가?
		보관용기	Pallet/ Tote box 등 보관용기의 적정 소요량 및 운영 기준은?
			자체 제작 도입 vs 렌탈방식 판단
			박스 표준화 (박스크기 및 종류와 박스에 인쇄하는 로고 및 기타 기재사항 표준화)
		운영장비	저빈도 SKU 피킹을 고려한 피킹카트(DPC 포함) 개선사항은?
			PDA 단말기 외에 핸드터미널 단말기 추가 도입 운영 여부 확인
		사무장비	현장 및 운영사무실에 세팅될 PC 및 프린터 등 사무장비의 도입 방식은? 구매 vs 렌탈

Infra (2)	물류센터	안전 시설	작업 동선 내 작업자 및 장비 안전관리 가이드 공지 및 보호설비 위치/ 종류/ 소요량 등 파악
			센터 내 환기 및 제습 방안 검토 및 냉난방 장비 위치 및 소요량 등 운영관리 방안 수립
			작업자의 이동동선에 안전정보 게시, 안전교육을 주기적으로 실시할 수 있는 체계정비
			견학통로, 작업자 통로, 장비통로 등의 라인 구분(가이드/페인트 라인)
		보안 시설	물류센터 내부 및 외부 보안/경계 시스템 구축 관련 구축방안 및 진행방식 결정
			센터 내외부 CCTV 모니터링 관제 체계 구축/ 주요 설치 포인트 선정 및 규모와 운영관리의 주체 & 법적 가능성 검토
		소방 시설	방화셔터/ 방화벽의 주요 위치 및 설치 구조 & 현황 상세 파악
			소화기나 소화장비 위치 체계
		전기 시설	전기용량/ 주요 설비 등의 전기공급 위치 선정/ 전기동력원 사용하는 물류장비 등의 충전스테이션 위치 및 소요량 검토
			먼지나 습기의 가능성이 있고 전기스파크나 누전 가능성이 높은 곳에 대한 주기적인 체크 및 관리
		지원 시설	작업자 휴게공간 및 식당 규모 및 위치 선정
			샤워시설 및 화장실 위치 및 규모 선정
			기타 작업자를 위한 복리시설(작업자 주변의 냉난방 설비, 체력단련실, 수면실, 운동화 소독기 등) 수준 결정
		부대 시설	파지 집하장 위치 및 규모/ 주차장 위치 및 규모/ 흡연구역 위치 선정 및 규모 등 운영방안
			피킹 작업시 발생하는 공박스 회수를 위한 컨베이어 설치 여부 검토 필요
		접안 시설	차량의 진출입 용이성/ 차량 접근 유효고 및 회전반경/ 동시 접안이 가능한 최대 대수 등 주요 현황 파악 및 운영방안 수립
			차량 대기동선 최소화 방안 고려/ 대량 입고 처리가 가능한 레이아웃 고려
		보험 관리	물류센터 자체 건축물 화재보험 가입여부 확인 및 임차인 귀책 대비 포함 여부 확인
			셀러 위탁상품 대상으로 영업배상책임 보험 진행

〈이미지 3-5-3 물류현장, 기본 검토 및 점검 사항 – Infra〉

Process	운영 관리 전체	운영일수	주중/ 주말 센터 운영가동 일수는? (주5일 or 주6일 근무/ 주 6일 근무 시 토요근무 or 일요근무 결정)
		운영시간	일일 센터 운영가동 시간은? (일과근무 or 24시간 가동 및 타임 스케줄 관리)
		운영방식	단일 출퇴근 근무 or 시간별 Shift 운영 or 교대근무 등 의사결정
	입고 관리	입고 스케줄관리	입고(입차) 스케줄(ASN별/ 시간대별 입고 셀러 순번 지정 및 관리의 수준 등 사전 정의 필요)
		밀크런운영	특정 셀러 대상으로 현행 밀크런의 운영 지속 여부 및 그 관리 수준 & 규모는?
		택배입고관리	현행 택배입고 서비스 유지 여부 및 개선사항 정리
		물류바코드관리	자체 물류바코드 발행 및 운영관리 도입여부 판단
		입고검수관리	전체검수 vs 샘플링 검수 선택 및 라벨링 부착 여부 or 현행 프로세스 유지 여부 등 판단
		1Barcode Nsku 관리	동일상품 이종셀러 물류운영여부 원론적 재검토 및 형행 유지 시 운영개선 방안 검토
	재고 관리	유통기한관리	현행 유통기한 관리프로세스 유지 및 개선방안 수렴 및 진행 (상미기한 기준 및 관리 프로세스 등)
		재고조사관리	상시재고조사관리 체계 vs 정기적 재고조사관리 체계 검토
	출고 관리	주문처리 작업방식	현행 출고타입별(합포/단포/단수) 작업방식 유지 여부 판단
			출고작업 wave 설정
			피킹 & 출고설비의 최종 결정 및 조합 구성에 따라 추가 공정 포함 가능성 (빈도별 작업지시/ 작업 그룹내 합포/ 블럭별 합포 등)
		VAS 운영관리	주문자 그룹별 차등포장/ 프로모션 제품 대상 선별 포장 및 사은품 적입/ 전단지 동봉/ 선물 포장 등 포장단계에서의 부가서비스 제공 여부 및 관리 수준에 대한 검토 필요
		유통가공	유통가공 프로세스 운영여부 및 그에따른 적정 작업공간 설계
		피킹용기	센터내 피킹 및 출고작업을 위한 용기 타입 선정 및 운영방식 검토
			Tote box or 택배 box or 두가지 혼용 방식 등
		포장개선	포장프로세스 개선안 도출 (완충재/ 부자재/ 물성별 포장방식 표준화/ 자동화 장비 도입 등 프로세스 재정비 검토)
		부자재관리	주력 박스위주의 박스 종류 통폐합 및 부자재 현황 파악 등을 통한 고품질 부자재 확보 등 관리 표준화 방안 수립
	배송 관리	배송서비스 유형 확대	현행 택배배송 기반의 일부 전담배송 운영 외에 새로운 배송서비스의 도입 여부 검토 및 의사결정
			전담택배 확대 운영 및 그 수준 or 당일배송 서비스 신규 도입 여부 or 셀러 직배송 서비스 유지 및 변동계획
	반품 관리	프로세스 변경 및 개선	현행 반품관리 프로세스와 셀러대상 CS 정책 및 관리 프로세스 유지 여부 및 변경 이슈 확인
			통합반품센터(가칭) 동탄운영 여부 검토
			반품처리 공정 대상으로 모니터링(이미지 or 영상) 체계 구축 운영여부 판단

〈이미지 3-5-4 물류현장, 기본 검토 및 점검 사항 – Process〉

Rule	운영 전략 관리	센터별 운영계획	센터별 운영계획 및 센터 기능 재정의 필요
			유사상품군을 운영하는 기반에서 단순 멀티센터 운영 컨셉 or 센터별 특화상품군(반품전용/ 브랜드 전용/ 신선상품 전용)
		목표년도 목표물량	특정 목표시점의 전체 처리물동량 타겟 및 센터별 할당 물량 지정
			평균 물동량 대비 설계 Peak 지수 설정(재고량, 출고량, 반품량 등) 설정
		단계별 목표물량	셀러대상 영업이 선행되어야 하는 당사 비즈니스 구조 상 단계별(연도별/센터별) 타겟 물량 도출 필요
		서비스 방향성	현행 물류서비스가 지향하는(당일발송 & 묶음배송) 방향성의 미래 지속 여부
			이커머스 물류서비스가 지향하는 배송의 속도 경쟁이 한계에 봉착하고 시장에서 새로운 패러다임의 변화 및 요구 감지
			속도 및 비용경쟁이 아닌 고퀄리티(배송의 질/ 포장의 질/ 유니크한 감성 어필 등) 서비스방향성 재정립 필요성 검토
			배송 Lead Time 설정
			재고회전률에 대한 기준 선정
	Set-up 방향	운영방식 결정	수평적기반 운영 vs 수직기반 운영 (또는 제3의 운영안)
			케이스별 장단점 파악 및 운영효율성 분석
			물류센터 건축 구조상 구현 가능여부 확인 및 보완요소 도출
			단계별 확장 방법 및 최적 시나리오 도출
			운영변수를 고려한 변화대응 시나리오 준비
	협력사 관리	운영사 관리	운영사 계약 및 운영방식의 검토 필요
		택배사 관리	택배사 선정 및 운영방안 의사결정 (단일택배사 운영 vs 멀티택배사 운영)
			멀티택배사 운영시 구분 기준은? (지역별 구분 or 센터별 구분)
			전담배송 운영 시 자체배송 체계 구축 or 택배사 활용 기존방식 확대운영 여부
		부자재 업체관리	단일업체 선정 및 복수업체 선정
			운영 규모를 고려 시, 복수업체 선정을 통한 운영 리스크 사전 hedging이 필요하며 적정 선정 업체 수와 진행 방식 검토
		용역업체 관리	물류센터 내 환경미화/ 보안경비 등에 필요한 업체 선정 및 선정 방식에 대한 유관부서 논의 필요

〈이미지 3-5-5 물류현장, 기본 검토 및 점검 사항 – Rule〉

System	시스템통합	통합체계 정의	SI 진행관련 주요 시스템의 기능 및 역할(수행범위) 정의
	지표관리	생산성관리	작업 프로세스별 하역생산성 관리를 위한 Data 집계 및 분석/리포팅 제공 체계 구축
		포탈 모니터링관리	셀러별 재고현황/주문현황/입출고처리현황/반품현황 등 Dashboard 형태의 Tool 제공
	위기관리	정전 시 대응	비상발전기 대응시간 및 UPS의 주기적 점검 및 유지보수
		서버 다운 시 대응	서버 다운시에도 정상적으로 운영할 수 있는 방법 마련 (오프라인 운영)
	백업관리	데이터관리	작업 데이터의 실시간적인 관리 및 백업체계 수립

〈이미지 3-5-6 물류현장, 기본 검토 및 점검 사항 - System〉

6) 편의점 라스트마일의 끝없는 배송전쟁

편의점은 소비자의 주변에 가장 가까운 곳에 있는 점포로 24시간 영업에 잘 팔리는 상품을 갖춘 구매의 편리성에 다양한 컨텐츠와 서비스를 제공한다. 최근에는 주문하면 빨리 갖다 주는 라스트마일 배송이 업계와 경쟁기업간에 끝없이 진행하고 있는 융합공간으로 변화하고 있다.

●●● 편의점기능과 환경변화

편의점은 시간, 장소, 구매의 편리성으로 고객의 생활영역에서 가장 가까운 장소에 있고 다양한 상품중에 구매하기 쉬운 상품의 카테고리가 집중되어 24시간 언제든지 점포를 이용하는 융합공간이기도 하다. 한국편의점은 4만8천점포에 약27조원의 시장규모인데 그중에서 GS25와 CU가 각각 15,000점포, 7-11이 1만점포, 이마트24가 5천점포 등으로 구성되어 점포수를 보면 이미 포화상태에 와 있다.

편의점의 점포간 경쟁에는 상품종류를 발굴하고 판매하여 재고보충에 다양한 서비스를 제공하고 있는데 푸드코너로 도시락, 김밥, 샌드위치, 디저트, 각종 데일리 상품 등의 경쟁이 치열하다. 요즘에는 편의점 점포 외에 후레쉬상품을 취급하는 기업, 가정간편식(HMR)을 제공하는 기업, 대형마트 등의 집 앞 배송을 제공하는 기업들과 경쟁이 되고 있다.

2020년 들어와 코로나19의 영향으로 대형점포와 오프라인 점포는 계속 줄어들고 집에서 주문하고 온라인과 전자상거래의 주문과 결재가 늘어나면서 식문화의 후레쉬 배송과 가정간편식(HMR)도 늘어나서 배송물량이 지속적으로 폭증하고 있다. 편의점업계도 다양한 상품판매와 서비스를 제공하면서 고객과의 지속적인 상관관계를 유지하고 있어 집앞에 쉽게 갈수 있는 편의점의 풀필먼트와 라스트마일의 흐름은 더 빠르게 진행중에 있다.

●●● 편의점의 풀필먼트와 라스트마일

점포에서 상품이 팔리면 수요예측을 하여 점포별로 발주하면 물류센터에서 상품을 피킹, 합포장하여 빠르게 출하를 하는데 보통 2회전의 상품을 제공하고 상품의 종류에 따라 상온, 데일리, 저온, 냉장, 냉동 등으로 구분하여 배송요일과 주기별로 점포에 배송하고 있다.

1999년에 아마존이 전자상거래 물류를 대응하기 위해 물류센터 명칭을 풀필먼트라고 붙이면서 주문하면 수주이행하여 빠르게 배송하는 것으로 글로벌시장에 풀필먼트 센터의 기능은 확대되고 있다. 출하된 상품은 편의점 점포별배송으로 2,000-2,500

평규모의 물류센터에서 600여개의 점포를 배송하고 있는데 요즘같이 배송전쟁이 치열해진 상황에서 최종고객에게 빠르게 배달하는 것을 라스트마일이라고 한다.

점포를 중심으로 배송을 하는데 있어 자사배송은 고정비가 많이 들어 제휴기업간에 계약을 체결하여 배송수단으로 퀵라이더(배민, 요기요, 부릉, 바로고 등), 소형 차량 등을 주로 사용하고 있는데 2020년부터는 집 앞 배송이 평균적으로 1-2할이상 폭증하고 있어 배송인원의 확충이 어려운 상황에서 GS25와 CU는 도보배송의 서비스를 실시하고 있다.

한국의 편의점은 상온, 저온, 냉장, 냉동상품으로 구성되는데 요즘은 콜드체인시대에 후레쉬 상품과 데일리 상품이 늘고 있어 물류센터내에 상온이 8할이고 그 외 온도관리상품이 2할까지 늘고 있으며 신선도상품의 관리와 배송이 중요해지고 있다.

도시락기준으로 1일 2회전 배송을 하고 있으며 잘 팔리는 상품을 중심으로 발주하고 물류센터는 다양한 카테고리 중에 재고를 압축하여 주문한 상품을 빠르게 피킹하여 점포에 배송하면 된다. 상온상품은 별도차량으로 점포별 주문량에 따라 보충하게 된다. 저온과 냉장,냉동상품은 냉장탑차로 상품종류별로 구분하여 안전하게 온도관리를 중시해 확실한 배송으로 매장까지 연결하면 되는 것이다.

물류센터는 상품종류와 기능에 따라 적정재고를 보관하고 최적화하여 인력에 의존하던 재고관리 상황이 점차적으로 자동화된 센터로 진행되어 간다. 풀필먼트는 주문받으면 빠르고 확실하게 수주 이행하는 것이 무엇보다 중요하다. 점포별 발주를 종합해서 배송 라우팅별로 상품과 배송시간의 최적루트를 진행하고 회전율도 높여야 한다. 물류센터에서 출하되는 상품은 사전에 출하 오류를 줄이고 상품의 재반입과 반품율을 줄이는 것도 효과적이다. 라스트마일은 거래처 또는 최종고객에게 마지막에 전달하는 배송으로 치열한 경쟁이 지속되는 상황에서 빠르고 안전하게 전달하는 것이 필요하다. 물류센터와 점포간에 배송상품이 도착하면 편의점의 유통매장에 신속하게 진열하고 최근에는 편의점의 상품을 사전에 앱을 통해 주문하는 물량이 늘고 있어 매장에서 판매하는 상품과 사전에 주문한 상품도 같이 증가하고 있는 추세이다.

언택시대에 편의점을 이용한 다양한 상품의 주문량은 늘고 있어 홈에서 주문한 상품의 빠른배달이 기본이고 라스트마일의 상품종류가 늘고 있다. 주류와 도시락, 과자, 디저트 중에 상온상품은 사전에 프로모션한 상품에 가격이 저렴한 상품도 늘어나고 있다. 편의점의 강점은 라스트마일의 출발지가 주문한 고객과의 거리에서 가까운 곳에 있어서 상품을 구매하러 못가는 경우 또는 퇴근후 픽업하는 경우도 발생한다. 편의점 매장의 직원은 다양한 서비스 기능을 제공해야 하기에 경험과 숙련된 흐름이 중요하고 매장에서 신속한 고객응대가 필요하게 된다. 24시간 영업하는 동안 매장안에서도 판매하고 매장 외 주문으로 배달이 늘어나고 있어 빠르고 안전하고 확실하게 배송하게 되면 1일 매출액도 증가하게 된다.

향후에는 현재도 일부 진행중인 무인매장으로 입구 진입부터 자율적으로 출입하여 상품구매후에 계산대에서 셀프로 진행한 후에 결재하면 된다.25평이내의 편의점은 좁은매장이라 줄서는 것도 있으나 언택시대에 적당한 간격의 거리두기를 하고 쇼핑하기 좋은 쾌적한 매장공간을 구성하면 고객에게 좋을 것이다. 지금까지 진행되어온 2회전 배송에서 앞으로는 3회전 배송으로 전환되면 신선한 상품이 늘어날 것이고 빵 도시락 샌드위치 디저트 등 푸드코너의 강화는 더 확대되어질 것이다.

따라서 편의점의 매장공간은 융합거점으로 물류센터에서 점포로 연결되고 점포는 고객의 상품구매의 장소로 연결되는 매장으로 생활공간인 라이프스타일의 변화와 즐거움을 제공하는 장소가 될 것이다. 고객과 더불어 상생하는 매장으로 소비자와 가까운 편의점 만이 유통매장 중에는 계속 살아남는 유통기업이 되어갈 것이다.(조철휘 회장)

(출처: DHL공식포스트)

〈이미지 3-6-1 DHL 의 라스트마일 딜리버리〉

빅블러 시대
유통 물류 글로벌 미래비전

4

글로벌

④ 글로벌

1) 한국이 세계시장으로 도약하는 길

글로벌시장은 2021년 200개국에 78억명이상이 살고 있으며 매년 7,000만명씩 증가하여 30년후 90-100억명을 정점으로 세계인구는 줄어들 것으로 보인다. 이런 상황에서 한국이 세계의 주역이 되기 위해 나가야 할 방향에 관해 소비, 제조업, 유통, 마케팅, 물류 등과 관련하여 다양한 분야에서 필요한 내용을 제시해 본다.

●●● 총 GDP와 1인당 GDP 지수

2020년 세계은행 자료에 보면 세계의 총GDP는 80조달러 이상으로 미국이 21조달러로 가장 많고 2위는 중국이 14.4조달러 3위는 일본이 5.15조달러 한국은 10위정도로 1.65조달러를 차지하고 있다. 한중일을 합치면 21조달러, 유럽연합 27개국이 20조달러 아세안10개국이 약3조달러를 차지하고 있다. 상위 1-20위까지를 보면 200개국에 약 80조달러 규모 중에서 70조달러를 차지하고 있다. 1인당 GDP가 높은 국가는 인구가 1,000만명 미만인 유럽의 선진국이 1위 룩셈부르크(114,340달러) 2위 스위스(82,838달러) 3위 노르웨이(81,807달러)를 시작으로 상위 5위를 차지 하고 있다. 미국은 1인당 GDP는 약 7만달러로 7위를 차지하고 한국은 31,000달러 수준이고 일본이 4만달러, 중국은 1만1천달러 정도이다.

2020년부터 코로나19로 인해 언택 시대에 온라인과 전자상거래 시장의 규모가 커지고 있어 소비재와 산업재와 관련된 기업은 국내외 시장에서 온디맨드의 소비자 지향에 중점을 두어 사업전략을 추진하면 기업의 경영성과에 더 좋아질 것이다.

●●● 제조업의 글로벌과 거점확대

제조업의 다양한 상품과 가치경쟁에서 한국기업은 국내에서 해외로 소비가 늘어나는 국가와 도심의 용이한 거점으로 이동하고 있는 상황이다. 10년안에 한국의 인구는 감소하기 시작하고 매년 출생하는 인구는 계속 줄어들고 있어 과자, 우유, 유제품 등은 소비가 증가하는 신흥국가로 확산하고 있다.

제조거점간의 네크워크 구축과 확장을 토대로 유통과 물류를 안정화하는 것은 중요하다. 여기에 현지화에 성공하여 정착화가 진행되면 해외거점과 국내와의 연계를 통한 제조업의 공급망과 가치체계는 안정적으로 만들어 갈수가 있다.

생산거점의 현지화에 판매망의 확대를 구축하면서 가격과 가치, 물류의 경쟁력을 고려하여 거점간 네트워크의 최적화를 구축하는 것이 필요하다. 글로벌 대경쟁시대에 제조업자간에도 경쟁자가 늘어나고 있어 품질과 가치경쟁은 더 치열한 상태가 되어 유통과 물류채널의 단축과 정확성에 안정화는 더 중요하게 될 것이다.

●●● 유통업의 과다경쟁서 경쟁우위확보

유통업은 국내외로 오프라인매장은 지역과 국가에 따라 다르지만 전자상거래 시장의 증가로 줄어들고 있으며 과다경쟁시대가 되고 있다. 이미 1980-90년대에 미국의 유통업이 포화상태이었고 일본은 1990-2000년대에 대형점포 축소로 비슷한 시기를 경험하였고 한국은 2010년을 전후해 점포축소와 온라인과 전자상거래의 증가로 소비자는 국내외의 전자상거래 기업을 중심으로 저렴하고 편리한 구매로 이동하고 있다. 국내외로 상품이 넘쳐나는 세상에는 소비자기 선택한 상품이 아니면 판로확대는 갈수록 어렵고 다수의 상품중에서 소비자의 타킷을 고려하여 상품을 압축하고 재고도 압축하면서 다양한 판매채널을 확대하여 판매경로를 단축하는 것도 중요해 진다.

상품의 구매와 선택에 있어서도 가격과 성능을 중시한 가성비와 심리상태를 고려한 가심비, 그 외에 가격, 비용, 품질, 서비스 등 모든 것을 고려한 융합 상태에까지 다양한 변화를 보이고 있다. 2010년이후 소비자중심의 온디멘드 흐름으로 진행되고 있어 주문한상품을 정확하게 수주이행하는 풀필먼트에서 시작하여 고객의 접점까지 안전하고 신속하게 배달해 주는 라스트마일까지 중요하게 되어 유통기업은 경쟁우위를 확보해야 한다.

●●● 마케팅의 대응과 예측의 어려움

요즘같이 국내외 시장의 변화와 흐름을 예측하기 어려운 시기도 없을 것이다. 소비자는 다양한 상품과 종류, 선호하는 대상이 급속하게 빨라지고 마케터의 입장에서 보면 잘팔리는 상품을 바잉해서 오프라인 매장에 진열하여 판매하던 시대에서 벗어나 지금은 온라인상태에서 다양한 수요예측기법과 도구를 활용하여 고객의 구매데이터를 토대로분석하고 예측하여 고객이 원하는 상품을 손쉽게 클릭하도록 서비스를 제공하고 있다.

장기적인 관점에서는 인구의 연령분포와 소비취향 등에 따라 기본적인 분석이 가능하고 계절적 요인에 갑작스런 이상 기후현상과 태풍, 지진 등 자연재해 현상으로 인해 마케팅의 분석과 대응은 갈수록 어려운 상태가 되어 간다. 2020년부터 시작된 코로나19의 팬데믹으로 인해 거리두기 하면서 생활을 해야 하니 전세계를 공포로 만들어 버린 코로나의 위기와 대응방안은 아직도 어려운 상황이 되고 있다.

●●● 물류의 혁신과 대응의 필요성

소비자를 중심으로 화주기업인 제조, 유통, 전자상거래 기업이 다양하게 변화하고 있으며 이에 따라 화주와 물류기업간의 거래에 있어 가격인하 요구로 인한 상태에서는 물류가치의 경쟁력이 창출하기는 쉽지 않을 것이다. 2010년대 이후에 이커머스 시장을 중심으로 등장한 쿠팡과 신선식품기업의 마켓컬리 등 다수의 스타트업 기업이 진출하면서 고객은 편리하고 신선하고 빠른대응을 제공해 주는 곳으로 구매흐름이 전환되고 있다. 그러나 스타트업 기업은 3-5년 정도 지나 고객층이 많아지면 안정화되고 투자로 인해 물류거점과 인프라 확대로 안정화를 추진하여 고객에서 다양한 서비스를 제공하게 된다. 그러나 이과정에서 물류비를 포함한 고정비 투입의 확대로 누적적자 확대는 급속하게 늘어나 치명적인 상태에 이르게 된다. 경쟁자가 적은 시기라면 기업가치에 따라 투자확대 또는 매각이 가능한 시기도 있었으나 지금 같이 국내외로 갈수록 경쟁자가 늘어나는 대경쟁시대에는 매출액 대비 영업이익은 줄어들거나 영업손실이 발생하기 쉽게 된다.

쿠팡의 경우 2020년 매출은 13조원대에 수천억원의 영업손실을 올렸으나 2021년3월11일에 뉴욕증권거래소에 상장하여 4-5조원의 자금조달이 가능하여 국내의 물류거점과 로켓배송 등 서비스의 안정화와 데이터구축의 확대 등 다양한 비즈니스에 투자하고 있다.

물류는 비즈니스를 창출하는 영업 및 마케팅과는 다르지만, 적정재고와 재고 압축을 통해 적량, 적재, 적소를 기본으로 물류를 혁신하고 서비스와 가치를 제공하고 창출하여 국내외상품의 이동중에 멈추지 않는 흐름(FLOW)은 물류센터에서 수배송간 이동, 항만, 공항, 어디서든 멈추지 않고 흘러가야만 하는 것이 더욱 중요하게 될 것이다.(조철휘 회장)

(출처: NYSE 유튜브)

〈이미지 4-1-1 쿠팡 뉴욕증권거래소 상장 모습 (2021년 3월 11일)〉

2) 한중일 소비와 싱글족 고령화 빨라진다

한중일 시장은 국가간 이동으로 항공과 해상을 통해 비행기와 선박, 훼리, 유람선 등을 이용하여 움직이게 되는데 보통 비행기로 이동할 때 한국을 기점으로 1-2시간이면 움직일수 있는 동선이기에 비즈니스와 관광의 1일 생활권시대에 들어와 있다.

●●● 한중일 시장과 소비흐름

글로벌시장의 2021년 인구는 78억명으로 10억명이상 되는 국가는 중국과 인도가 있다. 세계인구1위 중국은 14억4천만명이고 2위 인도는 13억9천만명, 3위 미국은 3억3천만명, 일본은 12위로 1억2,600만명,한국은 28위로 5,180만명의 순위이다. 토지면적을 비교하면 한국이 10만Km2이고 일본은 약4배인 38만 Km2 중국은 약100배의 961만㎢으로 면적이 넓고 그 중에서 밀집도를 보면 한국이 좁은 땅에 많은 인구가 몰려있는 상황이다.

한중일 3국의 흐름을 비교하면 1980년대 최고의 경제대국으로 전성기를 누려온 일본이 1990년대부터 버블붕괴 후에 2010년대 중반까지 오랜동안 저성장에 저소비, 저금융, 저물가로 인해 시장규모는 안정적으로 유지되었으나 커다란 변혁의 흐름은 줄어 들었다.

2000년대 중반부터 인구감소로 인해 인력수급의 어려움이 커져서 해외인력의 조달과 확대에 주력하고 있다. 유통과 물류 외에 전산업에 있어서 자동화와 무인화의 흐름으로 전환되고 있으며 4차산업혁명의 흐름속에 고부가가치형에 편리성, 안전성을 중시하여 지속유지 가능한 경영체제와 국가정책을 진행중에 있다. 이런 상황에서 커다란 과제는 최근들어 빈번한 태풍과 폭우, 자연재해로 인한 피해와 복구를 위한 진행상태는 매년 큰 폭으로 늘어나고 있는 실정이라 예산투입과 지원에도 어려움이 늘고 있다.

한국은 2010년대 후반 들어와 1인당 GDP 3만달러 시대로 들어왔으나 2020년을 전후 미중간, 한일간 무역전쟁의 흐름속에 수출상태는 줄어 들었고 52시간제의 급격한 도입과 10-20%에 가까운 급격한 인건비상승으로 인해 유통과 물류현장, 제조관련 기업들은 집중해서 업무를 처리해야 효율성과 생산성도 높아져 아이디어가 나오고 거래처의 납기안에 종료해야 하는 것들이 분산으로 이어져 효율성과 가치성과의 경쟁력이 줄어드는 상황이 된 것 같다.

소비는 저성장, 저소득에 저금리 시대로 진행되고 있으며 전자상거래 시상규모는 2020년에 161조원으로 늘고 있어 가성비와 가심비 등을 고려하여 온라인과 오프라인 매장에서는 가격인하를 안하면 상품이 안팔리는 세상이 되어간다. 대형마트와 오프라인 매장은 매출정체에 영업이익이 줄어들고 소비자는 국내외의 다양한 상품을 온-오프라인의 채널을 통해 빠르고 간편하고 쉽게 구매하여 결제 완료하면 기간내에 상품이 도착한다.

일본이 2007년부터 인구가 줄면서 소비시장이 위축된 것을 보듯이 한국도 10년안에 인구감소로 인해 소비시장의 흐름은 비슷한 전철을 밟아갈 것으로 보여 유통시장의 지속적인 저가경쟁은 소비자 입장에서 보면 좋은 상황이다. 그러나 이런 상황에서 경쟁자가 적은 다이소와 코스트코 등은 변화와 혁신에 물류의 효율성을 지속적으로 추진하고 있어 소비자가 구매하는데 필요로 하는 매장과 기업으로 자리잡고 있다.

한일양국과는 대조적으로 중국의 상황을 보면 자국시장에서 생산거점으로 시작하여 수출하고 유통과 물류, 전자상거래 등 모든 분야에서 중국발 내수시장 확대에 박차를 가하고 있는 것이 중국의 다양한 산업군의 상황이다. 2001년에 WTO에 가입하고 세계의 공장으로 출발하여 글로벌 브랜드의 기업들이 중국에 생산거점을 확보하여 중국발 수출과 자재, 원료 등 수입으로 시작하여 중국의 인-아웃바운드 물량은 매년 늘어만 갔다.

여기에 2008년 북경올림픽과 2010년 상해박람회 후에 해외여행이 급격하게 늘어나고 전자상거래의 급속한 확산으로 중국의 소비시장도 매년 큰 폭으로 증가하고 있다. 택배시장의 취급물량규모를 보면 택배원조인 야마토 택배를 포함하여 일본시장이 2020년기준으로 45억개, 한국이 33억개이상을 취급하고 있으며 중국은 800억개이상을 차지할 정도로 기하급수적으로 늘어만 간다.

●●● 1인싱글족과 고령화흐름

한중일시장의 소비를 주목하면 유통과 물류, 제조의 흐름이 보이게 된다. 일본은 인구 1억2,600만명시대에 2007년부터 인구절벽에 부딪혀 출생인구보다 고령화 인구가 매년 늘어나 마케팅의 타켓층도 변화하고 있다. 65세이상 인구는 25%를 넘어 3,000만명이상의 초고령화시대를 맞이하였고 이미 20여년전부터 싱글족의 1인세대의 영향으로 혼밥, 혼술, 혼놀이 진행되어 왔다.

한국은 2020년기준으로 5,180만명으로 10년안에 인구는 절정으로 줄어들 것이며 65세이상 인구가 15%이상 700만명대에 1인세대도 800만이상으로 늘고 있다. 이런 상황을 보면 고령화 사회로 진행중에 있어 유통매장에서는 용기, 상품크기, 무게 등 다양한 종류로 구매하는 상품들이 변화해 가고 있다. 전세계에서 퀵서비스에 빠른 배달을 해주는 나라로 한국은 1-2위안에 들어갈 정도로 주문하면 빨리 오는 문화라서 오히려 물류비의 증가는 늘어나고 과대한 경쟁서비스 속에서 편리성은 좋지만 안전성과 위생의 검열은 주목해 볼 필요가 있다.

중국은 세계1위의 인구로 고속성장에 소비확대는 당분간은 증가할 것으로 보이나 이미 40여년전에 1인출생제한을 하다가 2010년대 중반에 2인출생이 가능해 졌지만 인구구조상 고령화 진행이 한국과 거의 비슷한 속도로 진행하고 있어 10년이 지난 후에 중국의 경제성장률이 둔화되고 인구정체로 인해 유지될지는 의문이다.

인구는 경제력이고 토지면적도 유용한 규모로 넓으면 자연재해나 폭우로 인한 피해가 발생해도 포트폴리오가 가능하니 집중과 분산을 적용할 수가 있다. 이와 같이 글로벌 대경쟁시대에 지구촌에는 다수의 국가와 소비자가 존재하고 있어 이러한 흐름속에 개인도 기업도 국가도 어느 포지셔닝 속에서 성장기조를 유지할 것인가를 잘 파악하고 준비해 나가야만 할 것이다.

(조철휘 회장)

(출처: 연합뉴스)

〈이미지 4-2-1 한중일 시장의 국기와 지도〉

3) 아세안 10개국 정보와 1주일 살기

글로벌시장은 다양한 국가와 지역, 기업, 문화, 여행 등 개인의 성향에 따라 모든 것을 구매하고 즐기고 활용하는 세상이 되었다. 2020년에 한국은 아세안10개국을 포함한 15개국과 RCEP(역내포괄적 경제동반자협정)을 체결하여 무역확대와 문화교류도 커져서 앞으로는 여행가서 1주일 살기 좋은 곳으로 영역이 확대된다.

●●● 아세안시장 규모

아세안10개국은 2020년에 총GDP가 약3조달러의 규모에서 2030년에는 5조달러로 지속성장이 가능한 것으로 세계은행과 글로벌 분석기업들은 전망하고 있다. RCEP(역내포괄적 경제동반자협정)가 2012년11월에 협상개시를 선언한 후에 8년동안에 31회에 공식협상을 개시하였고 드디어 체결되어 2020년11월 17일에 출범하게 되었다. 마지막에 인도는 대중국 무역적자를 우려하여 불참선언을 하게 되어 아세안10개국에 이어 한국, 중국, 일본, 호주, 뉴질랜드 등 15개국으로 구성된 것이다.

RCEP 15개국의 무역규모는 5.4조달러로 전세계교역의 28.7%를 차지하고 명목GDP는26.3조달러로 전세계GDP의 약30%를 차지, 인구는 22억6,000만명으로 전세계인구의 28%를 차지한다. 한국은 수출액 규모에서 1/2정도가 RCEP에 집중되어 있어 아세안시장과 상품자유화 수준은 90%규모까지 높아지게 된다.

한국과 아세안10개국은 FTA를 체결하여 무역관세 철폐수준이 2007년에 79.1~89.4%를 차지하고 있으나 RCEP15개국이 되면 91.9~94.5%로 대폭 늘어나게 된다. 대외경제연구원에 의하면 경제성장효과는 0.41~0.62% 증가하고 소비자후생증가도 42~68억달러 늘어날 것으로 보인다.

●●● 아세안10개국 비교분석

아세안10개국을 보면 싱가포르, 베트남, 인도네시아, 말레이시아, 태국, 필리핀, 라오스, 캄보디아, 미얀마, 브루나이를 들 수가 있다. 2015년12월30일에 아세안10개국 경제공동체를 출범하여 관세교류와 무역투자 확대 등을 진행중에 있으며 광화문에 한-아세안센터가 있어 비즈니스와 문화교류, 경제협력 등 다양한 사업을 진행하고 있다.

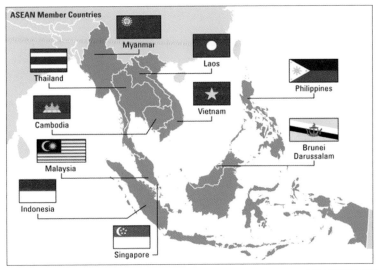

(출처: 태국상무국 대외무역국)

〈이미지 4-3-1 아세안 10개국 지도〉

아세안 국가는 대다수가 우기와 건기시즌이 있고 인도네시아, 말레이시아 등을 중심으로 이슬람국가에 태국, 미얀마, 라오스 등 불교를 중심으로 하는 국가들도 구성되어 있다.

인구와 토지면적을 보면 인도네시아가 191만 ㎢에 2억7천만명이 살고 있으며 필리핀이 1억1,100만명으로 1억이상 국가이고 최근들어 급성장중인 베트남이 9,816만명으로 1억규모에 이르고 있다. 인구가 가장 적은 국가는 브루나이로 44만명이 살고 있으며 제주도 면적3-4배규모이다. 브루나이는 술과 담배가 금지되어 있으며 에너지가격이 무상에 가까울 정도로 저렴하다.

라오스는 738만명 인구에 한국보다 2배 넓은 규모의 면적으로 고층건물이 적고 비엔티안공항에서 주변을 보면 1-2층의 단층 구조를 많이 볼 수가 있다.

1인당 GDP규모를 보면 인구600만명이 안되는 싱가포르는 항만과 공항 및 글로벌금융과 투자의 중심지로 6만달러이상의 소득수준이고 5년전만 해도 43,000달러로 소득수준이 높은 브루나이 왕국이 가스, 석유 등 자원수출의 규모가 줄어 3만달러로 대폭 줄었다. 이어 말레이시아가 11,000달러로 아세안시장에서 3위를 달리고 있는 중이다.

사용하는 언어는 싱가포르, 필리핀, 브루나이가 자국언어에 영어를 공용으로 사용하고 있으나 그 외 국가들은 베트남어, 인도네시아, 말레이어, 라오스어 등 자국중심의 언어를 사용하고 있나. 통화는 싱가포르와 브루나이가 전용달러를 사용하고 있으며 브루나이와 싱가포르달러는 같이 통용해 사용하고 있다. 그 외는 거의 자국통화의 명칭이 있어 현지에서는 사용해야 하는데 주로 미국달러를 환전해서 현지에서 국가별로 통화를 환전하면 사용하기에 용이하다.

아세안10개국중에서 글로벌시장의 허브기능을 해온 싱가포르는 최근에 항만과 공항의 물동량이 중국의 소비시장 증가와 인도네시아, 말레이시아, 베트남의 성장으로 인해 줄어들고 있으나 아직도 유럽과 아시아를 거쳐 한중일과 북미로 연계하는 기능을 유지하고 있다. 글로벌 시장에는 사람과 화물의 이동이 있는데 사람은 비즈니스와 관광을 통해 이동할때에 동선과 집객력이 좋은 장소로 몰리게 되어 있다. 화물도 동일하게 물동량의 규모와 거리동선에 따라 최적화가 가능한 곳으로 이동하여 선박, 철도, 비행기 등을 이용한 복합운송수단이 더 많이 활용되어지고 있다.

앞으로 20년이상 성장이 기대되고 진행중인 국가로 베트남을 들 수가 있다. 아세안 국가중에서 글로벌기업들이 2000년대 중반부터 들어가 제조거점으로 진행중에 있으며 인구약1억명중에서 20-30대가 6할이상을 차지하고 있어 20-30년후에도 경제활동인구로 소비의 주류가 될 것으로 보여 지속성장이 가능한 국가이다. 한국이 투자1위국가로 삼성, LG, SK하이닉스 등 다수의 기업들이 진출하였고 중소상공인 비즈니스도 증가하고 있으며 한국과 우호적인 교류를 지속적으로 진행중인 상황이다. 하노이-다낭-호치민에 이르는 전지역에 주요거점을 중심으로 제조에서 유통, 물류, 관광, 소비가 확대하고 있는 국가로 한국보다 3-4배 넓고 아직도 인건비가 중국의 1만달러이상의 1/4

수준에 불과하다.

그 외에 인도네시아와 말레이시아의 성장이 기대되고 있으며 라오스와 캄보디아는 자연이 풍부한 국가로 토지가 넓어 지역개발과 리조트를 활성화하여 관광사업유치에 집중력으로 주력하고 있는 중이다. 태국은 불교중심의 국가로 다양한 문화와 먹거리, 외국기업의 진출로 태국과 라오스의 영역인 메콩강을 서너개의 자유다리가 연결되어 중국까지도 연결되어 유통과 물류의 리드타임이 빨라지고 있는 실정이다.

아세안10개국중에 미얀마는 소득수준이 낮은 편이고 지속적으로 도시개발에 산업발전과 혁신이 기대되고 있으며 다수의 섬으로 구성된 필리핀은 동력과 에너지자원이 안정화되지 못하여 제조업의 진출이 용이하지 않은 상황이다.

아세안10개국은 한국과 시차는 1-2시간으로 비행기로 이동시간도 5-7시간 정도가 소요되는 국가들로 구성되어 있다. 비즈니스와 더불어 리조트, 여행 등 1주일 살기에는 적합한 곳이 되고 있다. 향후에 아세안10개국도 인프라 확대와 네트워크 연결과 안정화로 소비시장이 열리는 만큼 제조와 유통, 물류도 더불어 같이 커질 것으로 기대 된다.(조철휘 회장)

4) 세계쇼핑축제(광군제, 블랙프라이데이, 코세페)

세계적인 유통기업의 축제는 매년 11월에 진행되는 미국의 블랙 프라이데이와 중국의 광군절, 한국은 코세페를 들 수가 있다. 대규모 할인판매로 미국의 블랙프라이데이, 미국·영국 등지의 박싱데이는 오프라인 판매에서 최근에 온라인도 추가하였고, 광군제는 알리바바의 타오바오와 티엔마오(Tmall, 티몰)가 주도하고 1일 매출액이 전자상거래업체의 성패를 결정할 정도로 규모가 매년 커지고 있다.

●●● 블랙프라이데이(black Friday)

블랙프라이데이는 미국에서 11월 넷째 주 목요일 추수감사절(Thanksgiving Day) 다음날인 금요일에 진행하고 이날 증가한 소비로 인해 장부상의 적자가 흑자로 전환된다고 해 '블랙'이라는 이름이 붙었다. '검은 금요일'은 1987년 10월 19일 뉴욕 증권시장에서 일어났던 주가 대폭락 사건을 가리키는 '블랙먼데이(검은 월요일)'에서 빌려온 것이다. 이날 미국 소매업 연간 매출의 20%가 팔릴 정도로 쇼핑 절정기의 행사로 크리스마스와 연말연시 쇼핑시즌을 알리는 신호이기도 하다. 이 시기에 맞춰 소매업 할인 판매가 집중되기 때문에 도심에 쇼핑백 물결이 넘치고 있다. 한국을 비롯한 세계 주요 가전 · 통신기기 제조업체와 인터넷 게임 · 콘텐츠업계도 블랙 프라이데이를 기해 대대적 인 할인판매 행사를 시작한다. 2005년에는 '사이버 먼데이(Cyber Monday)'까지 등장했다. 추수감사절과 블랙 프라이데이가 있는 주말 뒤에 찾아오는 온라인 쇼핑 한철이다. 연말 상품 판촉에 따른 판매고 증대를 끊임없이 이어가려는 전략이 되었다. 영국에서도 연휴 뒤 온라인 쇼핑이 늘어나는 '메가 먼데이(Mega Monday)'라는 말이 생겨났다.

스마트폰 태블릿PC, 패블릿 등 모바일 기기를 이용해 전자상거래를 하면 모바일 쿠폰 할인, 앱(App)을 통한 지역 간 제품 가격 비교 서비스를 제공받을 수 있어 같은 제품이라도 세일 중인 가격의 절반 이하로 할인된 가격에 살 수 있다는 장점이 있기 때문이다. 온라인 패션 스토어 무신사는 '2020 무신사 블랙 프라이데이'에서 거래액 743억 원을 기록하며 역대 최대 실적을 달성했다. 이는 지난해 개최한 블랙 프라이데이 거래액 대비 105% 이상 증가한 것으로, 하루 평균 124억원 규모로 블랙 프라이데이 행사를 2019년보다 이틀 더 늘린 11월26일부터 12월1일까지 6일간 할인한 것이다. 블랙 프라이데이 6일간 총 판매된 상품 수는 168만 개 이상으로 하루 평균 약28만개, 시간당 1만 2천개, 1분마다 200개씩 팔렸고, 트래픽도 전주 대비 3배 이상 급증했다. 무신사 회원들이 6일간 가장 많이 구매한 품목은 숏

패딩, 숏 헤비 아우터로, 총 거래액 중 15%를 차지했다. 이번 행사에는 확대된 특가 상품과 할인 혜택, 고객 참여 마케팅이 성과를 견인한 것으로 보인다.

●●● 광군제의 의미와 진행상황

중국에서 11월 11일은 싱글들을 위한 날이자 중국 최대 규모의 온라인 쇼핑이 이루어지는 날이다. '광군(光棍; 빛나는 막대기)'이란 배우자나 애인이 없는 '싱글(single, 독신)'을 의미하고, 광군제란 '싱글들을 위한 날'이라는 뜻으로, '싱글데이(솔로데이)'라고도 불린다. 11월 11일이 광군제가 된 것은 혼자임을 상징하는 듯한 '1'이라는 숫자가 4개나 겹쳐 있는 날이기 때문이다. 그런 이유로 쌍십일절이라고도 한다.

2009년 중국의 전자상거래업체인 알리바바가 이날을 마케팅에 활용하기 시작하였으며 젊은이들에게 쇼핑을 통해 외로움을 달래야 한다고 광고하며 이날을 '구매를 즐기는 날'이라 선포하고 자회사인 타오바오를 통해 대대적 온라인쇼핑 할인행사를 열었다. 이 행사가 성공하자 이때부터 다른 전자상거래 업체들도 속속 동참하면서 광군제는 점차 '쇼핑의 날'로 탈바꿈되기 시작하였고, 중국 최대의 소비시즌으로 자리 잡았다.

〈이미지 4-4-1 중국 광군제 2020년 행사모습〉

2020년 광군제 행사는 코로나19로 인해 소비불황의 판로를 개선하기 위해 11월1일부터 11일까지 11일동안 판매를 하였고 전 세계에서 25만개의 브랜드에 1,400만종의 제품이 참가하였다. 참가한 인원도 전년도보다 3억명이 늘어난 8억명으로 초당 최대주문건수도 58만3천건으로 이전의 54만건을 넘어 기록을 경신하였다.

누적매출을 보면 11월1일부터 10일까지는 알리바바는 3,723억위안(63조원)으로 작년의 44조원보다 크게 늘어났으며 징동은 2,000억위안(33조8천억원)을 올렸고 11일이 시작되면서 티몰 타오바오 알리바바 등 전자상거래 플랫폼에 수억명이 접속하여 3분57초만에 초당 58만3천건의 기록으로 사상 최고치를 올린 기록이다. 첫 판매상품으로 주택 80만채를 팔기도 하였고 샤넬과 프라다 등 명품업계가 온라인에 처음 참여하였으며 중국시장의 내수촉진을 위해 행사기간을 연장하여 진행한 것이다. 중국최대의 온-오프라인 쇼핑축제가 시작되어 10일동안에 100조원을 판매하였고 알리바바와 징둥, 핀둬둬 등 경쟁기업인 전자상거래 업체도 활발한 판매를 전개한 해이기도 하다.

●●● 코세페(코리아세일페스타)

코리아세일페스타 (코세페 : Korea Sale FESTA)는 정부가 내수 활성화를 위해 2015년부터 시작된 이래 매년 개최되고 있으며 2019년에는 정부 주도에서 민간 주도로 바뀌었다.

한국판 블랙프라이데이에는 백화점, 대형마트, 편의점, 온라인 쇼핑몰, 전통시장 등 국내 대부분의 유통업체들이 참여하여 업체별로 최대 50~80%까지 제품 할인을 하는 행사이다.

'2020 코리아세일페스타'(KOREA Sale FESTA)에는 역대급 규모로 11월1일부터 15일까지 온·오프라인에서 동시에 진행되었고 2019년보다 많은 1천633개 업체가 참여해 역대 최대 규모로 진행되었다. 자동차, 의류, 가전, 화장품 등 국민 생활과 직결된 대표소비재 제조업체가 작년의 3배 규모로 참여하였고, 가전·디지털 업계는 삼성, LG 등 주요 기업과 쿠첸, 위니아대우 등 중소·중견기업 68개 업체가 참여해 TV, 냉장고, 노트북 등 인기상품 등을 최대 40% 할인해 판매하였다. 현대, 기아, 한국GM, 르노삼성, 쌍용 등 5개 국내 완성차 업체는 각사의 인기차종을 대상으로 작년 및 지난달 이상 수준의 특별 할인행사로 진행되었다.

행사를 진행한 결과 명성이 무색하게 저조한 할인율과 참여율을 보였으며 소비자들에게 홍보마저 부족해 명성 또한 저조했다. 이번 코세페를 통해 가장 침체됐던 백화점의 매출이 증가하는 등의 성과를 보였으나 아직까지도 높지 않은 할인율과 제조사 참여율이 고민으로 남아 있다. 미국의 블랙프라이데이는 할인율이 90%정도로 유통업체가 제조업체로부터 상품을 직매입 하기에 상황에 맞춰 대폭 할인율을 조정할 수 있다. 하지만 우리나라의 경우 유통업체들이 제조업체로부터 수수료를 받으며 판매 공간을 대여해주는 경우가 많기 때문에 유통업체 자체에서 할인율 조정이 어렵다. 이에 코세페의 제조업체 참여가 큰 과제이며 앞으로의 성장을 위해선 지속적인 변화와 혁신이 필요하게 된다.(조철휘 회장)

5) 2020년에 대한 3가지 해석

〈이미지 4-5-1 진정한 21세기, 4차산업혁명의 시작 2020년〉

2020년 벌어진 글로벌 팬데믹은 한마디로 세계 전쟁이었다. 지구촌 모든 사람들이 마스크를 착용하고 숨막히는 생활을 하는 SF 영화 같은 삶이 오랜기간 지속되었다. 그러나 이 같은 전쟁과 같은 상황에서도 전쟁 이후 미래가 궁금해진다.

조지 오웰은 말했다. '과거를 통제하는 자가 미래를 통제한다'. 2020년을 해석하기 위해서는 역사책 속을 들여다보아야 한다. 전쟁이후에는 항시 폭락주와 폭등주로 세상이 나누어지고 새로운 질서가 만들어진다.

전통적 아날로그 비즈니스와 방문객 중심의 자영업을 하는 이들에게는 '하루가 세번의 가을과 같다'(一日如三秋)는 느낌을 가진 나날이 지속되고 있다. 반대로 시스템 반도체, 바이오, 전기차와 같은 신산업과 언택 비즈니스에 종사하는 이들에게는 창사이래 최대 호황속에서 바쁜 한 해가 되고 있다.

20년후 2040년에 2020년을 해석한다고 가정해 보자. 아마도 미래인들은 올해를 4차산업혁명으로 진짜 21세기가 시작된 '전략적 변곡점'(strategic reflection point)으로 해석할 것이다. 전략적 변곡점은 이벤트 이후가 그 이전과 완전히 달라져서 과거로 회귀할 수 없는 포인트를 말한다. 지난 30년간을 돌이켜 보면 1998년 IMF 경제위기인 국가부도가 사례에 해당한다. 그러면 내년 이후 어떤 것들이 이전과 완전히 달라지는가?

첫째, 비대면 비즈니스가 컨택 비즈니스에 압승을 거두었다. 경제가 비행기라면 비대면 비즈니스가 기장석에 올라탄 상황이 시작된 것으로 해석할 수 있다. 아날로그 경제는 부조정사 또는 조수석으로 밀려나게 된다. 원격, 온택, 언택등 다양한 용어가 동원되고 있지만 같은 이야기이다. 한마디로 사람들의 직접 컨택 없이 업무와 여가와 쇼핑등 모든 라이프가 잘 돌아가는 것이 비대면 경제이다. 따라서 비대면 사업부를 가지고 구독경제를 구현할 수 있는 기업들이 승자가 될 것이다. 내년에는 아마존이

SK 와 손잡고 한국에 진출한다. 이제 한국 소매시장은 쿠팡, 네이버, SK/아마존 이들 빅 3 가 주도할 것으로 예상할 수 있다.

둘째, 경제와 사회 주도세력의 세대교체가 예상된다. 2020년 이전 한국의 산업화와 정보화를 주도했던 1950년 ~ 1964년 출생한 베이비부머의 영향력이 약해질 것이다. 1980년 이후 출생한 밀레니얼 세대가 주력 소비자로 성장했고 이들이 SNS 와 비대면 채널로 초연결되어 있기 때문에 이들의 영향력이 더욱 커질 것이다. 전 세계 밀레니얼 세대는 디지털 네이티브라는 점 말고도 한국에 대한 인지도와 선호도가 매우 높고 친환경 과 공정성과 같은 사회적 가치를 지향하고 있다는 면에서 베이비부머와 차별화된 특성을 보여주고 있다. 1995년 이후 출생한 MZ 세대가 열광하는 라이브커머스 가 주력 소비 채널로 성장할 것이다.

셋째, 승전국으로 한국의 위상이 강화될 것으로 보인다. 2020년 코비드 19와의 전쟁에서 중국과 한국은 승전국으로 분류되고 있다. 이 같은 성과를 바탕으로 내년이후 한국의 미래가치는 더욱 커지고 있다. 매년 영국의 브랜드 파이낸스가 평가하는 국가 브랜드 가치 순위를 보면 100개 평가국가 중에서 한국(South Korea)은 2017년 톱 10에 처음으로 진입하여 2019년 9위에 등극하였다.

한국 대표기업 삼성전자는 기업 브랜드 세계랭킹 5위를 5년째 지키고 있다. 브랜드가치는 미래를 반영한다. 한국의 국운상승은 디지털 강국의 이미지와 함께 하나의 트렌드화 되고 있다. 매년 11월 열리고 있는 한국의 쇼핑축제 '코세페'도 이 같은 국가 브랜드 상승 추세를 올라타서 중국의 광군제와 미국의 블랙 프라이데이에 이은 글로벌 3대 쇼핑 축제로 성장할 가능성도 있다. 한국은 이제 완벽한 세계 탑 10 국가의 지위를 가지게 되었다.(서용구 교수)

6) 장수를 위한 맷집의 비밀

장기불황이 일상화되는 사회, 이제는 저성장, 저금리가 뉴노멀 (New Normal) 이다. 이 같은 상황에서 '버티기'와 '냉정함'으로 무장하여 웰빙(잘살기) 면에서 세계 최고 순위를 달리는 북유럽 국가들의 기업 경영 스타일과 개인의 라이프 스타일을 벤치마킹 할 필요가 있다. '북유럽 스타일'이란 스웨덴, 노르웨이, 핀란드, 덴마크 등 북유럽 4개국의 라이프스타일을 통칭하는 용어이다.

〈이미지 4-6-1 홈퍼니싱 산업 1위, 이케아〉

첫번째, 북유럽 인구의 40%를 점유하고 있는 북유럽 대표 국가는 스웨덴이다. '홈 퍼니싱 산업 세계 최고 기업인 스웨덴 국적의 이케아(IKEA)가 북유럽 스타일을 압축해서 보여준다. 파란색 바탕색에 노란색 로고는 '냉정함'과 '따뜻함'을 동시에 느끼게 만들어준다. 이케아는 '사회적 책임'을 강조하고 기업주가 '헌신'과 '봉사'에 투철한 것으로 유명하다. 간소함과 고기능성을 가진 실용적 디자인, 실내 조명의 활용과 조화가 핵심 단어들이다. 가치사슬 관리에 철저하고 전세계에 진출하여 시장 포트폴리오가 균형 잡혀 있다. 창업 30년동안 7개 매장만을 운영하면서 터득한 매장운영과 사회적 가치실현을 추구하면서 전세계적으로 이케아 열광고객들을 만들어 내고 있다.

둘째, 스웨덴의 200년 장수기업 보니어 그룹의 경영 스타일도 주목할 필요가 있다. 9대에 걸쳐 무려 200년 이상을 생존한 비상장회사이다. 조그만 서점에서 시작하여 현재는 무려 200개 사업을 영위하는 미디어 재벌로 성장했다. 핵심가치는 '가족'에 대한 헌신과 '지속가능성'이다. 국내와 해외매출이 반반으로 균형 잡힌 포트폴리오를 가진 스웨덴 미디어 재벌인 보니어는 안정된 배당과 가족들 안에서만 주식을 거래하는 원칙을 지켜내어 오늘날까지 장수기업의 교과서가 되고 있다. 가족주주는 향후 30년간 외부에 주식을 팔 수 없는 주주합의서를 가지고 있다. 30년을 단위로 새로운 계약을 체결하는 안정성과 유연성을 배울 수 있다.

셋째, 북유럽스타일의 정수는 핀란드이다. 인구 550만명의 작은 나라이지만 세계 행복순위 1위, 사회 투명지수 세계 1위에 올라있다. 1985년 출생한 36세 여성 총리가 있는 이 나라에서는 100년 장수기업 노키아는 결국 도산했으나 이딸라, 마리메코와 같은 핀란드 스타일의 기업들을 보유하고 있다. 특히 마리메코는 북유럽 섬유디자인을 대표하는 라이프스타일 브랜드로 강력한 색상과 임팩트 있는 패턴으로 긴 겨울 실내에 머물러야 하는 핀란드 사람들에게 생기와 희망을 주고 있다.

필자가 헬싱키에서 1주일동안 머물면서 관찰한 결과 핀란드 사람들은 200년의 스웨덴 지배와 100년의 러시아 지배를 거치면서 어떤 상황에서도 버틸 수 있는 응전의 DNA를 가지고 있는 듯했다. 사회적 거리 두기가 이전부터 일상화된 사회이다. 고전적 오프라인 책읽기도 세계 1위 수준이다. 그리고 국민 1인당 사우나 1개라는 통계가 있을 정도로 사우나 강국이다. 식민지배 경험, 언어구조, 사우나의 일상화 등은 우리와의 유사성도 크다. 기나긴 겨울을 집안에서 버텨내야 하는 북유럽 사람들의 라이프스타일. 현재 코로나 사태로 인해 전 세계인이 집콕 라이프를 해야 하는 상황에서 반드시 참고해야 하지 않을 까?

결론적으로 국민 개개인이 각자 자신의 스트레스 해소방법을 개발, 실행하고 가족과 사회를 위한 헌신의 정신을 가져야 하겠다. 집안에서는 따뜻함을 느낄 수 있는 환경을 만들어 새로운 기회를 기다리며 버티는 것이 현재 우리가 필요한 라이프 스타일이다.

그리고 장수를 희망한다면 우리는 일본의 불사조 기업들도 벤치마킹 할 필요가 있다. 1990년이후 장기불황 30년동안 일본에서 지속 성장한 기업들의 특징을 보면 '재미'와 '가성비'와 같은 이전에 없었던 새로운 소비 가치를 만든 소매기업들이 있었다. 그리고 불타는 영업력으로 지방 상권을 철저히 장악하고 있는 지방 토속기업들이 눈에 띈다. 일본 다이소와 같은 균일가 저가 매장은 그 이전에는 없었던 '놀라운 가성비'라는 새로운 고객가치를 창조한 사례이다. 다이소와 같은 저가 균일가 매장은 영국을 포함하여 유럽에서도 한때 크게 유행한 적은있으나 지속성상하고 다점포화해서 중견기업으로 성장한 사례는 일본과 한국 다이소가 예외적이라고 볼 수 있다. 이들은 특유의 장인정신으로 가성비 달성 메커니즘을 전사원과 공유하고 소비자들의 지지를 받으면서 새로운 소비 가치를 만들어냈기 때문에 지속성장기업으로 자리잡을 수 있었던 것이다.

드럭스토어와 편의점 같은 고령 친화적 소매산업과 돈키호테홀딩스 와 니토리홀딩스와 같은 '가성비' 높은 기업들은 지속적으로 성장했다. 한국은 1990년 이후 일본처럼 드라마틱한 경제붕괴는 피할 수 있을 것으로 보이지만 인구구조와 고령화 속도를 감안하면 3% 이하의 경제성장을 오랜 기간 유지하는 장기 저성장화는 불가피하다고 생각한다. 맷집이 향후 기업생존에 중요한 경쟁력으로 등장할 것이다.(서용구 교수)

7) 포스트 코로나 시대 생존전략

〈이미지 4-7-1 블랙 스완(Black Swan)〉

코로나 19 로 인한 위기의 본질은 이것이 '블랙 스완'(Black Swan)이라는 것이다. 블랙스완이란 극단적인 수치를 말하는 통계적인 용어이다. 과거의 경험으로는 그 존재를 확인하기 힘들어서 일반적 기대밖에 놓여있는 값을 말한다. 이렇게 단기간에 글로벌 하게 바이러스가 확산될 것이라고 아무도 예측하기 힘들었다. 예상을 뛰어넘는 사건이기 때문에 그 영향과 피해도 블랙스완급이 될 수밖에 없다. 그래서 세상이 코로나 이전(BC)과 이후 (AC)로 완전히 달라질 것이라는 예상들이 나오고 있는 것이다.

코로나 19는 한마디로 전쟁과 가장 유사한 현상으로 해석할 수 있다. 전쟁 이전과 이후의 세상은 확연히 달라진다는 점과 전쟁 후 엄청난 규모의 기술혁신과 라이프스타일의 변화가 생긴다는 시사점이 있기 때문이다. 국가별로 그 대응전략과 타이밍도 달랐다. 다행히 한국은 대만, 싱가포르, 독일과 함께 승자 국가로 분류된다. 이들 국가의 브랜드 가치와 품격은 코로나 이전보다 더욱 높아질 것이 확실하다. 한편 일본, 영국, 이태리, 스페인은 선진국이라는 말이 무색할 정도의 패자 경험을 맛보았다. 한때 제국을 지향했던 강대국들도 코로나 이후의 국가이미지는 상대적으로 하락할 것이 확실해 보인다.

현재 한국 경제는 '블랙 스완'과 '회색 코뿔소'의 위협에 노출되어 있는 리스크 면에서는 설상가상의 상황에 놓여있다. 의료진의 희생과 전국민의 적극적인 참여로 방역에는 성공했고 주식 시장은 오히려 활황이다. 그러나 1918년 스페인 독감 사례에서처럼 더 큰 2차, 3차 감염의 물결이 있을 것이다. 게다가 우리는 지금까지 애써 외면해 왔던 심각한 리스크에 직면했다. 바로 '회색 코뿔소'가 그것이다. 회색코뿔소란 오랜기간 충분히 예측할 수 있는 위기를 알고 있으면서 방치하다 맞이한 재앙을 말하는 경제용어이다. 한국 경제 회색코뿔소는 단연코 '인구 감소'와 '차이나 리스크'를 들 수 있다.

우리가 블랙스완이라는 코로나 위기를 내년에 극복한다고 가정해도 한국경제가 저성장, 저금리라는 뉴노멀의 터널을 오랜기간 지나야하는 이유가 회색코뿔소는 구조적이고 장기적인 문제이기 때문이다. 면세점과 대형마트를 보자. 주요 도시 핵심 상권의 침체는 회색 코뿔소가 움직이기 시작한 신호로 보아야한다.

블랙스완과 회색코뿔소가 동시에 출현하는 코로나 위기를 맞이하여 개인과 기업은 다음3가지 근본적인 포지션 변화가 필요해 보인다.

첫째 애자일(Agile) 한 문화를 정착시켜야 한다. 기업은 소규모 수평적 조직으로 문화혁신을 해야 한다. 이제는 분기별 생존을 목표로 3개월마다 목표를 조정하고 민첩하게 변화 상황을 전략에 반영할 수 있어야 하겠다. 코로나 시대의 진리는 '작은 것이 아름답다'(Small is Beautiful) 이다. 개인은 소확행을 추구하고 일상에 감사하는 미니멀리스트적인 철학이 필요해지고 있다.

둘째, 지속성장을 위한 새로운 균형(Balance)을 추구해야 한다. 코로나 이후 서비스 시장의 패러다임이 변했다. 언택(untact) 기술을 활용하는 서비스가 주력으로 부상한 것이다. 비대면이 중요해지면서 대면 100% 비즈니스는 생존을 위협받을 것이다.

비대면 서비스를 강화하는 리밸런싱 전략을 통하여 이용자에게 최적의 서비스를 제공하는 온라인/오프라인 균형점을 찾아야 한다. 국내와 해외시장의 균형 그리고 정부의 규제도 디지털환경에 맞추어 새로운 균형점을 찾아가야 한다.

셋째, 비상계획(Contingency Plan)을 수립해야 한다. 미래사회는 '위험사회'(Risk Society)다. 향후 발생할 수 있는 위기상황을 고려하여 2~3 가지 시나리오를 가지고 있을 필요가 있다. 시나리오 별 대응 전략을 수립하여 플랜B 와 플랜C를 준비하고 있어야 비상시 보다 적극적이고 능동적으로 미래에 대응할 수 있을 것이다.(서용구 교수)

빅블러 시대
유통 물류 글로벌 미래비전

미래비전

미래비전

1) 진짜 21세기는 이제부터

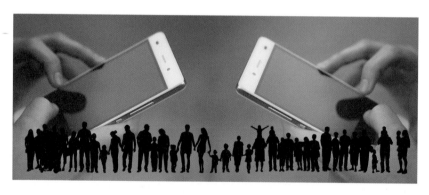

〈이미지 5-1-1 '언택 사회'로 급속히 진화중〉

2020년 이후 한국사회는 '언택 사회'로 급속히 진화하는 중이다. 그러나 모든 나라가 이처럼 달려가고 있지는 못한 것 같다. IT 와 무선 정보통신 인프라가 충분히 만들어진 미국, 중국과 독일등이 우리와 함께 미래로 달려가는데 반하여 이태리, 그리스, 영국, 일본 그리고 기타 국가들처럼 인프라와 마인드가 아직 준비되지 않은 나라들은 '컨택 사회'라는 과거의 라이프 스타일에서 벗어나지 못하고 있다.

'언택(Untact)' 이란 사람과 사람이 대면하는 '컨택(Contact)'의 반대되는 용어로 비대면 서비스를 핵심으로 하는 모든 거래와 활동을 말하는 신조어이다. 코로나 19 가 200 여개 국가들이 존재하는 지구촌 전체를 강타하는 팬데믹이 되면서 언택은 이제 지구인들의 생존전략, 미래 라이프 스타일이 된 것으로 해석할 수 있다.

첫째, 미래사회는 '언택 사회' 이다. 2020년은 미래사회가 시작되는 원년으로 기록될 것이다. 달력으로는 비록 20년전에 시작되었지만 진정한 21세기는 2020년부터 시작된 것으로 생각할 수 있다. 모든 미래 SF 영화와 소설의 고전으로 평가받는 책이 있다. 올더스 헉슬리의 1932년 문제작 '멋진 신세계' 이다. 과학이 최고로 발달해서 사람들이 남녀의 컨택이 아닌 실험실에서의 언택으로 출생하는 세상을 그리고 있다. 인간은 출생뿐 아니라 자유시간 까지도 통제 받는다. 모든 서비스가 정확하게 맞춤식으로 제공된다. '가족애'나 '우정' 같은 유대관계는 사라지고 실험실에서 IQ 순서대로 조정되어 5개 등급으로 생산되는 맞춤형 인간들이 행복하게 살고 있다. 기분이 나빠지면 '소마'라고 하는 가상약을 먹어서 즉각적인 쾌감을 경험한다. 마약과도 같이 소마가 사람들의 정신을 지배하고 있기 때문에 모두가 행복하다. 지난 5개월간 우리는 회식 문화와 '우리가 남이가'와 같은 우정 문화가 파괴되는 '언택사회'를 경험하고 있다. 비인간화를 요구하는 언택문화가 이제는 '새로운 일상(New Normal)'이 되고 있다.

둘째, 정체를 파악하기 힘든 코로나 19 바이러스로 인하여 소비자들은 '안전'과 '헬스 케어'를 최우선의 생애 가치로 삼기 시작했다. 소비자들이 '언택' 서비스와 '언택' 경험을 요구하고 있는 것이다. 따라서 '언택'을 기본으로 설계된 게임회사와 IT 플랫폼과 이커머스 기업들이 약진하고 있고, 집 앞 배달, 새벽 배송을 의미하는 '라스드 마일 배송'이 기업 경쟁력의 핵심으로 떠오른 것은 놀라운 일이 아니다. 이제 20세기가 갔고 진정한 21세기가 시작되었음을 시장은 말해주고 있는 것이다.

고객이 사라진 오프라인 매장들은 실시간 '라이브 커머스'로 언택 세상에 대응해야 한다. 라이브 커머스는 현재 가장 빠르게 성장하고 있는 새로운 소매채널이다. TV 홈쇼핑과 유튜브가 융합되어 매장직원이나 쇼핑호스트가 실시간으로 상품을 권유하고 소비자를 대신하여 이들이 시식, 시음, 착용을 대신 해보는해는 실시간 방송으로 10~30 대 소비자들 사이에서 각광받기 시작했다. 소비자가 원하는 언택 경험을 창조하는 기업만이 지속적으로 성장할 수 있다.

셋째, 미래 한국의 소프트 파워는 세계 최고 수준으로 커갈 것이다. K 방역의 성공으로 외국인들 평가는 물론 내국인들의 자기 평가도 역사상 가장 높은 수준의 긍정감을 보여주고 있다. 월드컵에서 독일을 2:0으로 제압하는 이벤트성 성취가 아니다. 한국은 코로나 이후 언택 세상으로 발전하는 미래사회에 가장 먼저 진입하는 선진국가의 이미지를 가지게 될 것으로 예상된다. 우리는 세계 정상급 수준의 언택 인프라를 가지고 있다. 5G 와 인터넷 업무 환경 그리고 세계 1위의 이커머스 시장환경, 새벽배송이 가능한 택배 물류환경과 같은 물적 인프라와 더불어 '빨리빨리' 생활 문화와 변화에 빠르게 적응하는 DNA 도 보유하고 있다.

마지막으로 무엇보다도 인터넷 강의와 SNS에 익숙하고 세계 최고의 디지털 컨텐츠를 만들 수 있는 1천만명의 밀레니얼 세대가 있다. 이들이 한국을 그리고 세계를 미래 언택 사회로 이끌어 갈 것이다.(서용구 교수)

2) 4차 산업혁명과 4개의 미래

〈이미지 5-2-1 우리가 만드는 4개의 미래〉

2016년 3월 이세돌이 알파고에게 패배하면서 전 세계 지구인들은 AI 가 주도하는 4차산업혁명이 본격 시작되었음을 인지했다. 특히 2020년 이후 코로나 19 발생으로 인해서 컨택이 중심이었던 세상에서 언택(untact) 사회로 세상이 급진화하면서 4차 산업혁명이 가속화되는 것을 지켜보면서 미래에 대한 불안감이 더욱 커지고 있다.

미래 사회를 전망하고 다양한 시나리오를 개발하는 것을 주업으로 하는 미래학에서 미래에 관해서 일반적으로 통용되는 2개의 믿음이 있다. 먼저 "미래는 현재 이미 도착해 있다"는 신념이다. 미래는 현재 이미 개발된 기술의 조합으로 만들어지기 때문이다. 그리고 "미래는 불확실하지만 우리의 선택을 통해 만들어진다"는 믿음이다.

4차 산업혁명기에 살고 있는 우리 앞에 다음 4가지 미래 시나리오가 존재한다. 우리는 선택할 수 있다면 결국 마지막 시나리오를 채택해야 할 것이다.

첫번째 시나리오는 디스토피아(Dystopia) 이다. 올더스 헉슬리의 '위대한 신세계' 그리고 조지 오웰의 '1984' 등 저명한 미래 과학소설과 수백개의 SF 영화들에서 설정된 시나리오이다. 원인은 다양하지만 결국 황폐화되고 위험한 지구를 묘사하고 있다. 특히 올더스 헐슬리는 미래 인간사회는 다시 계급사회로 발전하고 우울해지면 '소마'라는 행복 알약을 먹는 미래 모습을 그려서 최근 바이러스 전염으로 전세계가 우울해진 변화방향을 기막히게 맞추었다는 평가를 받고 있다. 또 하나의 방향은 '빅 브러더'이다. 빅 브러더가 지배하는 디지털 디스토피아란 개인의 개성이 상실되고 디지털 권력에게 24시간 감시를 받는 사회이다. 일본과 한국의 젊은이들이 소위 '헬'을 외치는 경우에는 이전세대

보다 더 빡빡하고 더 좁아진 기회들 그리고 높은 물가와 취업난을 뜻하기도 한다.

두번째 시나리오는 레트로피아(Retropia) 이다. 과거로의 회귀를 꿈꾸는 미래관이다. 미래에 대한 불안과 혼동감이 커지는 경우 미래의 발전 가능성을 포기하고 과거로 돌아가려는 인간의 본능을 대변하고 있다. 2008년 이후 미국과 서유럽등 소위 선진국을 중심으로 여러 곳에서 나타나고 있다. 트럼프는 4년전 "미국을 다시 위대하게"라는 레트로피아적 슬로건으로 표심을 자극하여 미국 대통령에 당선되었다. "아 옛날이여"를 매일 공감한다면 레트로피아적 미래관을 가지고 있다고 스스로 진단할 수 있겠다. 불황과 고통이 지속될수록 레트로피아적 감성이 커진다고 볼 수 있다.

세번째 시나리오는 유토피아(Utopia) 이다. 1516년 영국 토머스모어가 쓴 공상소설에서 비롯한 용어로 가장 바람직한 미래 시나리오이다. 유토피아는 이제는 상상속에서 존재하는 이상적 세계를 말하는 보통명사가 되었다. 유토피아적 미래관은 개인적 상상차원에서는 위로가 될 수도 있지만 단기간 유토피아적 사회를 구현하려는 시도에는 많은 부작용과 희생이 발생할 수 있다.

네번째 시나리오는 프로토피아(Protopia) 이다. 과정(process)과 유토피아(utopia)의 합성어로 미국의 미래학자 케빈 켈러가 "인에비터블: 미래의 정체"라는 책에서 주창하는 개념이다. 한마디로 냉정하게 자세히 보면 세상은 지속적으로 개선되고 있다는 것이다. 폭력과 질병으로 인한 사망자수가 감소하고 동물학대나 장애인 차별도 꾸준히 개선되고 있다는 점등을 지적하고 있다. 매일 뉴스에서 환경오염과 사망 사건 그리고 가짜 뉴스등만을 보아온 우리에게는 다소 생소할 수 있으나 세상은 생각보다 괜찮을 수 있다는 믿음을 가지게 한다.

미래는 우리가 만들어가야만 한다. 감정을 죽이고 데이터를 자세히 살펴보자. 세상은 우리가 생각하는 만큼 나쁘지 않다. 지난 10년전과 비교해보아도 대한민국의 국제적 인지도와 경제력 그리고 소프트 파워는 놀라운 수준으로 높아졌다. 세상은 지속적으로 개선되고 있다. '꾸준히 나아지는 미래', '오늘 보다 더 나은 미래'를 믿는 프로토피아적 사고가 더욱 절실히 필요한 오늘이다.(서용구 교수)

3) 세계자동차 시장과 전기차의 미래는?

자동차와 관련된 시장규모는 크고 제조에서 판매, 물류, 금융과 더불어 이것을 선택하고 사용하는 소비자의 영향력과 결정은 갈수록 중요해지고 있다. 2030년을 전후하여 종래의 화석연료를 사용한 내연기관 자동차는 줄어들고 친환경 차량인 전기차와 수소차 연료전지차 등의 규모는 매년 커지고 있다.

●●● 세계자동차 생산 톱10 흐름

2019년 세계자동차 생산대수(세계자동차, 한국자동차산업협회 각종데이터 2019년)의 상위 10개 기업을 보면 전체 9,000만대 중 에 7,000만대를 10개기업이 생산하고 있으며 1위의 폭스바겐은 1,083만대 2위 닛산 르노 미쓰비시는 1,075만대, 3위 도요타는 1,059만대로 3개사가 1천만대 이상을 생산하여 총 3,200만대이상으로 전체시장의 1/3을 차지하고 있다. 현대차 그룹인 현대차와 기아차는 739만대로 수년전에는 800만대를 넘어선 시기도 있었으나 최근에는 글로벌시장의 소비부진과 경영통합한 상위기업의 판매량 증가로 줄어들어 5위를 유지하고 있으나 판매량은 줄어들고 있다. 매출규모면에서는 1위 폭스바겐이 290조원규모이고 3위 도요타가 310조, 4위 GM 170조원, 5위 현대차 그룹이 150조원 규모의 매출을 올리고 있다. 2020년은 코로나19로 인해 세계자동차 판매대수는 전년 대비 15%정도 감소하였으나 2021년은 점차 회복하고 있는 추세이다.

●●● 세계자동차 판매국가 흐름

자동차산업은 글로벌시장의 공급망과 소비접점이 용이한 곳을 중심으로 다양한 생산라인에서 만들어 각국의 딜러와 판매채널을 통해 원활하게 판매하고 A/S의 지원서비스와 부품조달 물류센터 등을 통해 지속적으로 고객을 관리하고 응대하는 것이 중요하다.

9,000만 대의 판매 국가의 분포를 보면 인구가 가장 많은 중국이 약 2,600만대를 판매하고 미국이 약 2,000만대, 그 외에 유럽연합을 포함한 서유럽이 1,500만대로 자동차 사회의 전형적인 흐름을 보이고 있다. 500만대 이상 규모는 아프리카와 중동, 일본, 인구 13억 9천만명인 인도가 이에 포함되고 있다. 아세안 10개국은 400만대 이상이고 한국은 약 180만대의 판매규모에 이르고 있다.

●●● 한국 자동차시장의 판매와 소비흐름

한국의 2019년 자동차판매대수와 금액을 보면 179만5천대로

59조원의 시장규모이다. 이중에서 수입차의 비중은 16조5,300억원으로 28%를 차지하고 있으며 27만5천대로 15.3%의 점유율을 차지하고 있다. 수입차의 국가별매출규모를 보면 독일이 메르세데스 벤츠와 BMW 등으로 6할이상인 10조3,910억원이고 미국과 일본이 1조원이상을 차지하고 있다. 수입차를 포함하여 전체 판매차량 중에서 전기차는 10%정도인 5조9천억원으로 10대중 1대가 전기차의 비중이다.

2020년은 자동차 판매대수가 크게 줄었으나 자동차산업 월간 동향에 따르면 2021년1분기의 국내자동차 산업은 전년동기 대비 생산 12.2%, 내수 11.3%, 수출 11.9%로 내수와 생산, 수출이 모두 늘어나고 있다. 이것은 내수와 수출의 동반 판매증가 및 전년도의 기저효과 등으로 908,823대로 12.2%가 증가 하였다.

●●● 향후 전기차의 미래 방향

자동차업계는 2013년에 도요타와 BMW, 닛산과 다이무라와 포드가 연료전지차를 제휴하기로 하고 2014년에 피아트와 클라이슬러가 경영통합 하는 등 글로벌시장에서 생산거점과 판매망을 통합하고 공급망 체인의 흐름을 원활하게 활용하여 동업종간의 경영통합으로 글로벌시장의 인적수요를 확대하고 이업종과의 업무제휴로 다양한 비즈니스와 서비스영역을 확대해 가고 있다. 주행거리와 차종에 따라 단거리 택배차량은 전기차가 적용되고, 중거리 승용차와 노선버스는 하이브리드형, 장거리 대형트럭은 수소와 산소를 화학반응 시킨 전기로 달리는 자동차로 이산화탄소 배출을 하지 않는 에코카인 연료전지차로 적용 확대될 것으로 보인다. 2020년대이후 전기차(EV)와 연료전지차(FCV)의 판매는 지속적으로 늘어날 것이고 자동차생산은 2025년까지 연간 1억대를 돌파할 것으로 보이지만, 현재 자동차판매의 1/2을 차지하는 미국과 중국의 경기상황이 변수로 작용하게 된다.

차세대 전기차의 미래시장은 리더기업인 테슬라는 2020년에 50만대를 판매하였고 2021년에는 100만대를 목표로 하고 있다. 중국(상하이공장), 독일(베를린공장), 미국(텍사스공장) 등의 생산거점을 갖추고 있고 중국공장은 50만대 생산 체제이고 중국시장에서 모델y판매열풍과 SUV대중 전기차시대의 개막으로 호조를 보이고 있다. 여기에 2020년 750% 주가상승과 더불어 주목받고 있으며 애플도 2024년을 향해 아이카를 개발중이고 종래의 자동차기업도 전기차 시장으로 뛰어들고 있다. 2021년 1월20에 미국의 46대 대통령이 된조바이든의 청정에너지 계획과 태양광등 재생에너지 확대는 순풍이 되고 있다.

중국의 자동차 판매량은 2018-20년 3년 동안 감소 추세지만 전기차만은 증가하고 있으며 중국 내에서 미국 테슬라 전기차를 시작으로 니오, 샤오펑 등 중국 전기차 회사의 경쟁도 치열하다. 2020년에 2,531만대 판매한 차량 중에 전기차, 플러그인 하이브리드 차, 수소연료 전지차 등의 신에너지 차량은 137만대를 판매하고 있으며 2021년에는 180만대 이상 판매가 예상된다. 중국 정부가 2025년까지 전기차의 비중을 25%까지 목표로 하고 2030년까지 종래의 화석연료 이용 차량을 줄이고 전기차로 전환하고 2060년까지 중국을 탄소중립국가로 만든다고 선언하고 있다.

자동차 업계는 지속적으로 글로벌 시장에서 전방위적으로 영역 확대를 위해 경영통합과 M&A는 확산될 것이며 이업종과 제휴도 증가할 것이다. 여기에 이번 코로나19에서 알 수 있듯이 글로벌 시장의 공급망 체인에서 조절 가능한 요인과 리스크 요인에 따라 당분간 상황을 지켜보면서 차세대 혁신전략과 비즈니스 모델을 변경하고 재설계하는 등 시간이 갈수록 기회요인과 다수의 불확실성 요인도 같이 늘어나게 될 것이다.(조철휘 회장)

(출처: 하남 스타필드매장)

〈이미지 5-3-1 테슬라 매장과 충전소〉

4) 5G시대, 옥상을 지배하는 자, 세상을 지배한다. (드론 택배, 드론 택시)

온라인 구매의 증가로 택배물량이 계속 증가할 것이고, 택배 배송 방법의 혁신이 필요하다. 저자의 경험을 예로 들면, 온라인스토어 쿠팡 1곳에서 8가지 제품을 구매할 경우, 8가지 제품의 업체마다 택배 회사가 달라서인지 제품별로 배송기사가 8번 방문하는 경우가 보통이다. 아래 사진과 같이 오전에 4개 오후에 4개가 실제 방문하였다. 충분히 큰 박스 1개에 모두 다 담아서 보낼 수가 있다.

〈이미지 5-4-1 온라인 스토어 1곳에서 여러 개 주문시, 1번 배송이 맞다〉

배송기사가 8번 방문하지 않고, 묶어서 1번만 방문하게 되면 물류 비용이 크게 절감될 것이다. 빠른 배송도 좋지만 효율성을 따져야 한다. 8번 이동하는 비용보다 1번 묶어서 이동하는 것이 당연히 저렴하고 효율적이다. 예를 들어 물류센터에 모아서 아파트 단지 옥상으로 1번 배달되는 드론 택배가 대안이 될 수 있다.

드론 택배나 드론 택시는 항공안전법과 전파법 등 각종 규제로 막혀 있어서 사실상 불가능해 보였다. 하지만 국토교통부는 '드론 특별자유화구역'을 도심에 지정하여 '드론 활용의 촉진 및 기반 조성에 관한법률(드론법)' 시행을 시작하였다. 국토교통부 발표대로 드론 택배가 서울에서 2025년에 상용화되기를 기대 해본다. 국토교통부에서 드론은 성장잠재력이 높은 분야로 신산업 확산을 위해 규제 혁신이 필요하다고 했고, 3단계로 나눠서 2025년에는 자율비행 인구밀집지역 비가시권에도 드론에 대한 규제를 해결한다고 했다.

(출처: MTN(머니투데이방송))

〈이미지 5-4-2 풀리는 드론 규제〉

코로나19 영향으로 2020년 택배 물량이 33.7억 상자로 전년대비 21% 크게 증가하였다. 온라인 쇼핑이 15조원으로 크게 증가하면서 택배 박스가 부족해서 박스 대란이라는 이야기가 있을 정도다. 전년 대비 일일 배송량이 50% 증가하는 경우도 종종 있다. 택배노조는 과로사 등을 이유로 총파업을 하는 상황이다. 온라인 배송의 증가로 택배 물량은 지난 20년간 꾸준히 증가했다. 1억상자부터 33.7억 상자까지 20년간 매년 8~21%까지 성장률을 보이고 있다. 전문가들은 2025년에는 37억 상자까지 늘어날 것으로 전망하고 있다. 혁신적인 방법을 통해 꼭 현재 발생되는 물류, 유통 문제들을 해결해야 할 필요가 있다.

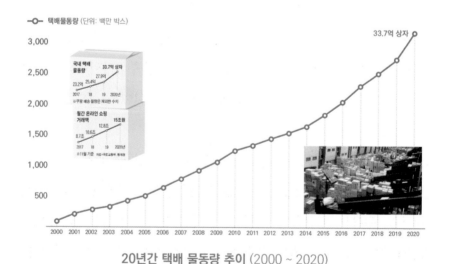

20년간 택배 물동량 추이 (2000 ~ 2020)

〈이미지 5-4-3 택배물동량 및 온라인 쇼핑 거래액 증가세〉

CES 세계가전전시회에서 드론 택시 사업을 현대자동차와 우버가 적극적으로 진행하겠다고 발표했다. 드론 택시 개발 및 공급은 현대자동차가, 운용과 서비스는 우버가 담당하는 것으로 역할을 분담하여 추진한다. GS칼텍스도 CES 세계가전전시회에서 드론 배송을 미래형 주유소에서 진행하겠다고 발표했다. GS칼텍스는 제주도와 여수에서 주유소를 거점으로 편의점 상품을 드론 배송하는 시연 행사를 성공적으로 열었다. 육지와 도서지역을 연결하는 드론 배송 시연에 성공은 섬이 많은 우리나라에서 꼭 필요한 미래 성장 사업임이 분명하다.

(출처: MTN(머니투데이방송))

〈이미지 5-4-4 현대차와 우버의 드론택시〉

옥상을 지배하는 자, 세상을 지배한다! 현재 강남역 신분당선 주변에만 12곳의 건물 옥상 헬기착륙장 표시되어 있다.

(출처: 네이버 지도검색(강남역))

〈이미지 5-4-5 강남역 옥상 헬기 착륙장〉

옥상과 옥상을 연결하는 공간을 선점하고 건물주와 옥상 개발권을 포함하여 공유 공간 임대를 진행한다면 어떨까? 공간 공유 임대업을 하면서 수익을 만들고 가까운 미래에 옥상 개발로 수익을 만들 것을 준비하면 어떨까? 임대차 계약을 통해 옥상 개발 및 사용권을 확보할 수 있는 비즈니스가 있다면 가까운 미래 성공할 가능성은 충분히 있다. 옥상을 지배한 자는 분명 늘어나는 택배 배송 물량과 드론 택배와 드론 택시를 혁신적으로 활용할 수 있는 힘을 선점할 수 있다. 옥상 비즈니스에서 택배, 물류, 이동 관련 혁신이 나올 가능성은 매우 크다. 드론은 높은 곳에 이륙과 착륙을 해야 한다. 드론 택배, 드론 택시는 분명히 큰 키워드이고 일반인들은 실행하기 어렵다. 하지만 사전에 예측하여 옥상을 장악하여 길목에서 기다릴 수 있다면 어떨까? 관련된 비즈니스는 정부 지원도 받을 수 있다.(이상엽 책사)

5) 운전면허학원은 사라질까? (자율주행차)

우리나라 자율주행자동차는 곧 상용화 단계이다. 자율주행자동차는 레벨 3단계부터 인정된다. 대한민국은 세계최초로 2020년 7월 자율주행 레벨 3단계 조건부 자동화 차량의 출시 및 판매를 허가했다.

자동차 회사에서 완성된 자율주행자동차를 판매하면 바로 구매할 수 있다는 뜻이다. 현대차, 벤츠, BMW, 도요타 등 고속도로나 자동차 전용도로에서 운행할 수 있는 3단계 자율주행차 곧 출시한다.

자율주행자동차 Level 구분

레벨	자율주행 가능	
Lv.0	없음	
Lv.1	운전자 지원 가능	조향 혹은 가감속 중 한 기능 지원
Lv.2		조향, 가감속 모두 지원
Lv.3	부분 자율주행	지정된 조건에서 자율주행이 가능하나 시스템에서 요구 시 (예상치 못한 공사상황 등) 운전자가 운전 필요
Lv.4	조건부 완전 자율주행	지정된 조건에서는 운전자 없이도 운전 가능
Lv.5	완전 자율주행	모든 조건에서 운전자 없이 운전 가능

자동차의 기능과 성능에 따라 레벨 0~5로 구분하고, 레벨3부터 자율주행자동차!

TS 한국교통안전공단

〈이미지 5-5-1 자율주행차 레벨 구분표〉

미국은 구글 웨이모에서 스마트폰 앱으로 택시를 부르면 운전자 없이 자율주행차 택시가 오는 서비스를 세계 최초로 안전요원 없는 레벨 4단계로 상용화했다. 미국 애리조나주 피닉스 교외에서 약 300대의 로봇택시를 유료 운행한다. 지난 5년간, 1주일에 평균 1500회 계속 안전성 테스트를 했다.

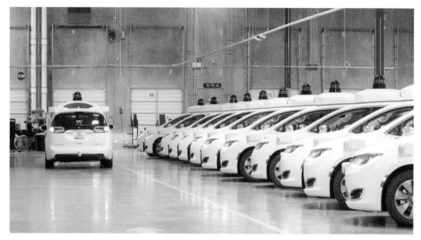

(출처: 구글 웨이모 홈페이지)

〈이미지 5-5-2 미국 구글 웨이모 자율주행 택시〉

코로나로 인해 무인 자율주행차가 더욱 인기가 많아질 것으로 예상된다.

현재 자율주행기술 순위 1위는 미국 구글 웨이모, 2위는 미국 포드, 3위는 미국 GM 크루즈, 4위는 중국 바이두, 5위는 미국 인텔 모빌아이, 6위는 한국 현대차 모셔널, 7위는 독일 폴크스바겐 순이다. 국가별 순위는 미국, 중국, 한국, 독일 순이다.

세계 자율주행기술 순위

※2020년 3월 기준

① 구글 웨이모(미국)
② 포드(미국)
③ GM 크루즈(미국)
④ 바이두(중국)
⑤ 인텔 모빌아이(미국)
⑥ 현대차 모셔널(한국)
⑦ 폴크스바겐(독일)

자료 : 가이드하우스인사이트

〈이미지 5-5-3 세계 자율주행기술 순위〉

일본은 최초의 무인택배 차량 '로보네코 야마토'를 운영중이다. 일본의 최대 택배업체 야마토 운수가 게임기 업체 'DeNA'와 공동으로 개발했다. 야마토 운수가 빠르게 차세대 무인택배 배송 차량을 개발한 이유는 저출산, 고령화, 핵가족의 문제 때문이다. 로보네코 야마토를 이용하는 방법은 스마트폰에서 전용앱을 열고 택배를 받을 장소와 시간을 미리 예약하고, 차량이 도착하면 스마트폰으로 택배함을 열어 물건을 받는 방식이다. 택배 차량에는 9개의 택배 함이 있으며, 스마트폰으로 미리 받은 QR코드로 자신이 주문한 물건이 들어있는 택배 함을 열 수 있다.

일본의 물류 대기업 '야마토 운수' IT 서비스로 운전기사 없는 택배차량 운행

주문을 하면 QR코드가 도착

판매점에서 주문 받은 상품을 집하

지정된 장소와 시간에 도착

QR코드로 수화물 박스 오픈

몇초만에 수화물 수취 완료

운전자 없이 다음 배송지로 이동

(출처: 야타모운수 홈페이지)

〈이미지 5-5-4 일본 운전기사 없는 택배차〉

한국도 국내 배달 자율주행차, 배달 로봇을 곧 상용화할 수 있는 단계에 있다. 현재도 무인 우체국 차량으로 택배 1.5t 무게의 우편물을 싣고 목적지에 도착하고 있다. 택배 받을 사람이 차량안에 탑승하여 인증절차를 거치면 무인 차량 내부에서 택배를 꺼내 수령 받을 수 있다. 도심지, 캠퍼스, 공원, 공항 같은 곳에서 운영이 당장 가능하다. 최대 시속은 25km이고 현재 캠퍼스 내에서는 12km로 주행하고 있다.

(출처: YTN 사이언스 투데이)

〈이미지 5-5-5 한국 배달 자율주행차〉

자율주행차가 들어올 수 없는 건물내부에서는 배달 로봇이 사용되고 있다. 집배원 추종 로봇은 집배원을 따라다니도록 설계되어 무거운 짐을 대신 들어준다.

〈이미지 5-5-6 한국 집배원 추종 로봇〉

5G가 전국망을 가지고 안정화되면 자율주행자동차가 본격적으로 적극 사용될 것이다. 현재는 미래에 자율주행 자동차가 어디까지 성장할지 정확하게 말하기 어렵지만, 트럭 운전사, 택시 운전사, 택배 기사 등 물류, 배송, 이동을 업으로 하는 직업은 자율주행차로 대체될 가능성이 매우 높다는 것은 쉽게 예측할 수 있다.

전세계적으로 자율주행 자동차 관련 수많은 다국적 대기업들이 적극 개발하고 있지만 그 중에 몇몇 기업만 살아남고 나머지는 도태될 것이 분명하다. 강자가 살아 남는 것이 아니라, 환경에 가장 빠르게 잘 적응한 기업만 살아 남게 될 것이다.

그래서, 가까운 미래에 환경에 적응한 운전면허학원은 자율주행 운전기술을 가르치는 학원으로 변할 것이다. 운전면허학원은 있지만, 운전을 옆에서 가르치는 직업은 없어질 가능성이 크다. 미래에 자율주행자동차가 운전을 가르쳐 주는 수준까지 올라간다면, 운전면화 학원도 없어질 가능성이 있다. 자율주행자동차를 통해 쉽게 운전 기술을 배우면 된다.

가까운 미래에는 뇌에 칩만 넣으면 몰랐던 외국어도 술술 배울 수 있고 운전도 할 필요 없거나 쉽게 배울 수 있을까? 현재 '일론 머스크'가 전기차와 우주개발에 이어 두뇌와 컴퓨터를 결합하는 프로젝트를 진행중에 있다. 두뇌에 컴퓨터가 결합되면 운전을 배울 필요 없이 두뇌에 해당 기술을 업로드 하면 된다.

앞으로의 미래는 이런 것을 만들고 운영할 수 있는 인재가 더욱 중요 해진다. 열정적으로 특별한 기술에 몰입하는 사람이 필요한 세상이다. 최고의 인재들에 의해 기업의 흥망성쇠가 결정되고 그 기업이 성공할 수 있는 길을 찾을 수 있다.
꾸준히 배워서 차별화된 고급 인재가 되어야 기계와의 경쟁에서 도태되지 않을 수 있다. (이상엽 책사)

6) 미래의 온라인스토어 어떻게 바뀔 것인가?
"검색! VS 문답!"

현재 우리는 검색의 시대에 살고 있다. 네이버, 구글, 다음 등 포
탈을 통하여 검색으로 정보를 얻고 물건을 구매한다. 하지만 인
공지능과 5G시대가 되면서 검색의 시대라는 패러다임 자체가
바뀔 수 있다. 그리고 그 변화는 모바일 설문조사가 인공지능화
되면서 우리에게 새롭게 다가올 것이다. 모바일 설문조사를 마
케팅 도구로 사용하여 대한민국 백화점 일일 최고 매출을 달성
한적이 있다. 당시 마케팅 컨셉이 "누가 이길까? 송파점 vs 강서
점" 이였다.

(출처: NC백화점 홈페이지)

〈이미지 5-6-1 우리나라 백화점 일일 매출 최고 달성 이벤트〉

백화점 3사인 신세계 백화점, 롯데 백화점, 현대 백화점의 최고 매출을 모두 누르고 이랜드리테일의 NC송파점과 NC강서점이 각각 45억, 41억을 달성하는 이변을 일으켰다. 하루 매출 40억을 넘기는 것은 개점 오픈 매출이여도 하기 어렵다. 참고로 이랜드 리테일은 그 이전에 하루 매출 30억을 넘겨본 적도 단 한차례도 없어서 일 매출 목표는 30억으로 잡았었다. 또한 하루 최고 매출로 세상에서 제일 큰 백화점으로 기네스북에 오른 신세계 센텀시티가 41억, 대구 현대 백화점이 35억, 롯데 청량리 백화점이 31억이였다. 그 만큼 당시 하루 30억 매출하는 것이 쉽지 않았다.

〈이미지 5-6-2 송파점 행사 내용과 무료증정 쿠폰〉

'송파 vs 강서'라는 지역 감정을 자극하는 컨셉으로 마케팅 채널과 10가지 홍보/행사를 진행했다. ① DM (우편물), ② 전단, ③ 홈페이지, ④ E-mail, ⑤ SMS 문자, ⑥ 20%쿠폰 소셜 배틀 행사, ⑦ 모바일 영수증 행사, ⑧ 좋아요 배틀 행사, ⑨ 어플 설치 행사를 2개점 모두 공통으로 거의 동시에 함께 진행했다. 〈이미지 5-6-1 우리나라 백화점 일일매출 최고 달성 이벤트〉의 사전 예측처럼 송파 22% vs 강서 78% 강서점이 3~4배 더 유리해 보였다. 그래서 송파점에만 ⑩ 모바일 리서치 행사를 추가 지원하였다. ⑩ 모바일 리서치는 총 26개 문항으로 약 157개의 핵심 DM(우편물) 상품을 노출하고 7가지의 이벤트와 무료 증정 행사 등을 설문조사 형식으로 자연스럽게 노출했다. 설문 내용은 사고 싶은 상품이 무엇인지, 마음에 드는 행사와 이벤트가 무엇인지 묻는 질문들이기 때문에 설문이 끝나면 사고 싶다 혹은 한번가 보고 싶다는 생각이 들게 만들었다. 설문을 통해 고객에게 알리고 사전에 점포에서 준비한 결과는 다음과 같다.

① 응답자 중 80%의 고객에게 송파점에 11월 19일(토) 행사가 있다는 것을 알렸다.

② 사은품 중 '무료 보온병 증정'이 36%로 가장 선호되어 사전 물량을 충분히 준비했다.

③ 배틀 상품 14가지 중에 뉴발란스 모델이 가장 인기가 있고 사전에 인기 상품을 알아서 결품 나지 않도록 적절하게 물량

을 준비했다.

④ 1일 특가 48가지 할인 상품 중 귤박스(9,900원), 일판란 (9,900원)이 고객 2명 중 1명은 구매할 것이라는 정보를 얻어서 적절하게 사전 물량을 준비할 수 있었다.

⑤ 91가지 패션잡화의 판매 예상 순위도 알 수 있어서 적절한 물량 공급 및 행사장 배치에 큰 도움이 되었다.

⑥ 송파vs강서 배틀전을 알려 송파점을 주변에 홍보하겠다는 고객 응답을 87%를 받았다.

⑦ NC백화점 어플설치 72%를 유도했다.

⑧ 송파 vs 강서 20% 할인쿠폰 사용관련 만족률이 87% 였다.

⑨ 설문 응답자 중 40%가 8억 2천만원의 매출을 만들었고 영업이익은 2억 정도였다.

⑩ 매출 등급이 낮은 C등급 이하 고객이 전체 44%를 차지, 휴면 고객도 다수 방문하였다.

⑫ 설문 응답자 중 최대 구매액 6,464,810원이고 최소 구매액 (-)779,000원 (반품)이였다.설문 응답자 중 매출 상위 20% 고객이 55% 매출에 기여하였다. 상위 20%의 평균 객단가는 78만원임을 확인할 수 있었다. 평균 객단가는 18.9만원이다.

⑬ 구매시간대는 11월 19일(토)은 아침 9시가 가장 높았다.

⑭ 송파점은 전년 대비 매출 성장률 1위로 약 73% 성장했다. 이 외 37개 점포 중에 전년대비 성장한 점포들 매출 성장액 다

합친 것과 송파점 1개 점포의 성장액이 비슷하게 나왔다.

⑮ 송파점은 전년 대비 이익 성장률 1위로 약 70% 성장했다. 타
점포의 평균 이익액 성장률은 1%로 미비했다.

자, 과연 어떤 마케팅 도구로 위와 같이 상세한 ROI 정보를 얻
어낼 수 있을까? 세상에 존재하는 마케팅 도구 중에 가장 빅데
이터에 충실하고 고객 본인이 선택했기 때문에 실제로 구매로
연결될 가능성이 가장 큰 도구임이 분명하다.

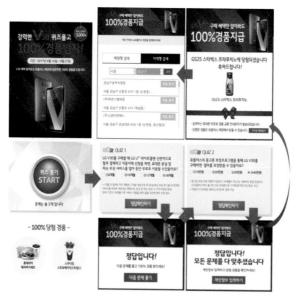

〈이미지 5-6-3 LG V30 휴대폰 퀴즈 이벤트〉

LG에서 V30 휴대폰을 알리기 위해 퀴즈 이벤트가 있었다. 최초

홍보용 문자를 받았을 때 모든 정답은 4번이라고 문자에 정답을 알려주었나. 퀴즈 풀기 버튼을 누르자 질문도 안 보고 파손보상 서비스 무료 이용기간이 4번 18개월인 것을 단번에 알 수 있었다. 4번 18개월을 체크하니 '정답입니다'라고 이미지가 바뀌었다. 2번째 문제로 넘어갔다. 중고폰 보상이 4번 40만원이라는 것도 쉽게 알 수 있어서 체크했더니 '정답입니다'라고 했다. 이 마케팅용 퀴즈 2문제를 풀게 한 이유는 고객의 머리속에 18개월과 40만원의 혜택을 알려주기 위함이다. 고객의 머리속에 셀링포인트를 각인시키는 최고의 방법이다.

〈이미지 5-6-4 스타키 보청기 모바일 고객상담실〉

모바일 고객상담실은 URL을 눌러 접속하고 상담할 내용 ① 배송 상담, ② 불량 제품 상담, ③ 사이즈 교환 상담, ④ 환불 상담, ⑤ 기타 상담, 5가지 중 선택한다. 상담할 내용이 담당자 휴대폰으로 연동되어 문자 발송된다. 기존에 교환원이 하던 단순 업무를 시스템이 더 정밀하게 하는 것이다. 고객의 소리 통계도 실시간으로 확인할 수 있다.

〈이미지 5-6-5 스킨푸드 600개 매장 동시 고객만족도 조사〉

이외에도 화장품 매장에서 제품을 구매하면 5분 이내 매장의 CS 평가를 할 수 있는 시스템이 있고, 고객이 주간식으로 평가한 문장들을 가지고 자연어 처리하여 인공지능 분석도 할 수 있다.

〈이미지 5-6-6 창업안내 및 신청설문〉

또, SNS와 연결하여 브랜드 창업 안내를 설문조사 형식으로 진행하는 사례도 요즘은 흔하다. 실시간 취합, 통계적 분석, 빠른 응대가 가장 큰 장점이다.

그 결과, 모바일 설문조사를 통한 빅데이터와 인공지능이 온라인 스토어 쇼핑의 패러다임을 바꿀 것이다. 현재 '검색' 패러다임에서 '문답' 패러다임이 바뀔 것이다. 예를 들어 노트북 구입을 가정하자. 현재는 검색창에 노트북을 검색해서 디자인, 가격, 기능, 제조사 등 다양한 스펙을 비교하고 어려운 전문 용어들을 비교 검색한다. 마음에 드는 제품을 찾으면 제품명을 복사 붙여넣기 하면서 한동안 또 검색을 한다. 블로그에서 제품 평판을 또 확인한다. 몇 시간 검색하고 최종 마음에 드는 제품을 구매하면,

노트북을 잘 아는 친구가 와서 얼마 주고 샀는지 묻는다. 100만 원 정도 주고 샀다고 하면, 그 가격이면 이걸 사지, 또는 더 싼 가격에 같은 제품 살수 있는데, 이런 이야기를 꼭 듣는다. 바로 그 노트북에 대해 잘 아는 친구가 바로 인공지능이다. 검색 없이 질문 몇 개만 하면 바로 원하는 노트북 제품 1, 2, 3을 추천받는다. 원하는 가격대? 100만원대, 어디에 사용할 것인가? 사무용/게임용/영화관람 등… 대략 질문 5~6개 정도만 하면 고객의 니즈를 정확히 확인하고 인공지능이 현시점 최적의 제품 1, 2, 3를 제안해주는 것이다. 시간도 단 2~3분 정도로 짧다. 예전에 페북이 6단계만 거치면 모든 사람이 친구라고 했던가? 인공지능 문답몰은 질문 6개만 하면 당신이 원하는 제품을 현시점에서 정확히 제안해 줄 수 있다. 질문 6개는 오프라인에서 고객이 점원에게 문의하는 내용과 비슷하다. 정관장 매장에 홍삼을 사러 갔다고 가정하자. 점원이 찾으시는 상품 있으시냐고 물으면, 고객은 가격은 7만원대, 장모님 명절 선물로 드리려고 한다. 장모님이 이빨이 좋지 않아 씹지 않아도 되는 제품이면 좋겠다고 대답하면, 점원이 곧바로 몇 가지 제품을 추천한다. 이런 모습으로 온라인스토어가 문답몰로 변할 것이다. 곧 인공지능과 빅데이터가 적용되면서 온라인스토어의 패러다임이 '검색'에서 '문답'으로 바뀌게 될 것이다.(이상엽 책사)

7) 순환경제를 주목하자

순환경제는 자원고갈, 기후위기, 실업, 고령화, 도시 노후화, 폐기물 및 플라스틱 문제 등 산업국가에서 현재 직면하고 있는 각종 문제를 해결하기 위한 방안이다. 또한 자원을 활용해 상품을 제조, 유통, 소비, 폐기하는 기존의 선형경제에서 벗어나 경제계로 투입된 자원이 자원절약과 재활용을 통해 반복적으로 사용되는 경제시스템이다.

(출처: http://www.wrap.org.uk/sites/files/wrap/image/circular-economy-i-i_0.gif)

〈이미지 5-7-1 순환 경제 시스템〉

유통물류와 전자상거래가 발전되면서 우리가 앞으로 겪게 될 사회적 이슈는 환경이다. 우리는 포장 및 배송에 사용되는 박스, 충전재, 테이프 등과 플라스틱제품에 대한 홍수에 살고 있다. 이커머스 산업이 발달할수록 환경적인 부분에는 부정적 요인이 될 수 있음으로 새로운 방법을 지속적으로 모색하고 현실에 적용할 수 있도록 해야 한다. 이런 시도를 통하여 유통물류 분야에서 미래를 위한 환경적인 개선을 실행해야 할 필요가 있다.

2019년 12월 출범한 새 EU 집행위원회는 EU가 직면하고 있는 기후·환경 위기를 모든 정책 분야에서 기회로 전환시켜 궁극적으로 EU 경제를 보다 지속 가능하게 만들기 위한 새로운 성장 전략으로 '유럽 그린딜(European Green Deal)'을 제시했는데, 순환경제를 2050년 기후중립 달성을 지원하는 중요 수단으로 인식하고 전략의 우선 순위 중 하나로 포함시켰다.

우리나라 정부도 코로나 이후 글로벌 경제를 선도하기 위한 국가발전전략 "한국판 뉴딜"을 발표했으며, 주로 "그린 뉴딜" 분야에서 "탄소중립(Net-zero)" 사회를 지향점으로 2030년 온실가스 감축 목표, 재생에너지 3020 계획 등을 차질 없이 이행한다는 목표를 밝히고 있다. 하지만, 자원 고갈과 폐기물로 인한 기후 및 환경 문제, 제품을 생산하는 기업의 사회적 책임 등에 대한 관심이 높아지면서 우리 인류의 지속가능성을 추구하는 친환경적인 경제 모델로 주목받고 있는 "순환경제"에 대한 부분은 찾아보기 어렵다.

정부는 2050년까지 "탈플라스틱 사회"를 이루겠다는 사항으로 석유계 플라스틱을 100% 바이오 플라스틱으로 전환하는 목표를 세웠다. 환경부는 "생활폐기물 탈플라스틱 대책"을 통하여 2025년까지 플라스틱 폐기물을 20% 절감하고, 플라스틱 재활용비율을 54%에서 70%로 상향하기로 하였다. 특히 전체 용기 중 플라스틱의 비중을 2025년까지 38%로 약 9% 이상 줄여가는 방침을 세웠으며 2030년까지 일회용 비닐봉지 및 쇼핑백을 모든 업종에서 퇴출하는 것을 목표로 하고 있다. 폐 플라스틱의 재 활용율은 14%이며 매립이 62%, 소각이 2%로 주변국가의 경우 분리수거 플라스틱을 80%까지 재활용하는 것에 비하면 상당히 수지가 낮다.

포스트 코로나를 준비하는 과정에서 국민생활과 밀접한 공공시설 제로에너지화, 국토·해양·도시의 녹색 생태계 회복, 깨끗하고 안전한 물 관리체계 구축 등의 혁신 성장은 매우 중요하다. 그러나 한정된 자원으로 물건을 제조하고, 유통하고, 소비하고, 폐기하는 기존의 선형경제에서 벗어나지 못한 경제시스템 상에서 한국뉴딜에서 언급한 지속가능성을 실현하기 위해서는 해결해야 할 부분이 있다.

순환경제란 경제시스템 안에서 인간의 의도적인 설계를 통해 자원 활용의 효율성을 극대화한 것으로 기술적 뒷받침과 동시에 인간 행동의 변화와 시스템의 변화까지 포괄하는 것이다. 이는 기존의 재활용 혹은 자원순환사회와 유사한 개념이지만 실질적인 변화를 추구한다는 점에서 차이가 있다.

순환경제는 주로 글로벌 기업들이 스스로 산업 경쟁력 확보를 위해서 규제에 앞서 자율실천을 통해서 경쟁적으로 주도하고 있다. 현재와 같은 자율실천을 통한 경험과 노하우가 축적되면 자원 수급의 불안정성과 자원 가격의 변동성 증가와 같은 문제들에 대응할 수 있으며, 또한 이로 인해서 자원의 효율적 사용과 안정적 조달이 가능할 것으로 예측되고 있다. 이와 반대로 순환경제에 적응하지 못하는 기업은 순환경제에 맞는 규제를 준수하지 못하면서 경쟁에서 도태될 수 있다. 현재의 글로벌 기업들의 자율실천은 순환경제의 표준을 선점하기 위한 마케팅 전쟁으로도 해석될 수도 있다. 따라서 정부 및 기업들은 현재의 자원 고갈과 폐기물로 인한 및 기후 및 환경문제와 포스트 코로나 이후의 실질적인 변화를 이끌어 내기 위한 순환경제로의 전환에 적극적인 대응이 필요하다.

순환경제 달성을 위하여 유통물류에서 해결해야 할 부분을 제시하고자 한다.

첫째, 제품의 생산 및 유통, 소비 단계에서 자원의 사용을 최소화

둘째, 플라스틱 폐기물로 인한 환경오염에 대한 적절한 대응

셋째, 소비자에게 구매 제품의 지속가능성 관련 정보를 제공하는 등의 소비자 권리 강화

넷째, 생산자가 제품의 수리 및 수선, 기능복구 등 제품의 전 생애에 걸쳐 성능을 책임지는 수선 권리(right to repair) 수립

다섯째, 음식물 폐기물 감축 목표 제시

여섯째, 식품 서비스에서 일회용 포장·식기류 저감

일곱째, 물류 및 유통 과정에서의 과대 포장 및 포장재 규제를 포함한 폐기물 감축 로드맵 제시 등

결국 유통업계가 지속적인 관심을 가지고 점차적으로 진행해야 한다. 법제도적으로 강제적인 규제가 아직은 전체 산업에 미치는 영향이 적음으로 확대 및 도입하는데 많은 시간과 비용이 소요된다. 국가적인 차원에서의 정책과 규제보다는 개인의 인지와 노력이 중요하며, 미래를 위하여 유통물류업계에서는 환경을 먼

저 생각하는 자세가 중요하나. 일회용품에 대한 사용을 줄이려고 노력하는 사회문화가 정착을 해야 하며, 우리가 점차 후세에 물려줄 깨끗한 환경을 위하여 재활용 비율을 높여야 한다. 더불어 친환경제품의 활용도를 높일 수 있도록 해야 한다.

⟨순환경제 실천 기업 사례 1⟩

2008년 설립된 체코 회사 Tierra Verde는 친환경 세정제, 샴푸 등 위생용품 및 가정용품 생산에 주력해 왔으며, 플라스틱 대신 종이 등 친환경 포장지를 사용하고 포장 없는 제품 유통에도 집중하고 있다. 체코에서도 환경문제에 대한 관심이 높아지면서 무포장 매장이 증가하고 있는데, Tierra Verde는 무포장 매장뿐만 아니라 일반 대형 유통매장에도 자사의 무포장 판매대를 설치해 대중의 접근성을 높이고 있다.

자료 : Retailnews.cz, Mediaguru.cz

⟨이미지 5-7-2 친환경 세정제, 샴푸 무포장 매장, 판매대⟩

〈순환경제 실천 기업 사례 2〉

Sonnentor는 유기농 차, 커피, 향신료를 생산하는 체코-오스트리아 회사로 유기농 농업, 지역 재배자와 직거래 및 공정거래, 친환경 에너지 사용, 친환경 포장지 사용 등 생산전반에서 순환경제 가치에 중점을 두고 운영하고 있다. 바나나 섬유와 옥수수 전분으로 만든 퇴비화 가능한 티백을 사용하고, 100% 천연 셀룰로스로 만들어진 상자를 사용하기 때문에 포장지 대부분이 재활용될 수 있다. 또한, 유통과정에서도 개별 포장이 필요 없이 찻잎으로 판매하는 소매점도 활용해 폐기물 생성을 줄이고자 노력하고 있다. (김병기 박사)

재활용이 가능한 Sonnentor 차 포장재

자료 : Sonnentor

〈이미지 5-7-3 바나나 섬유와 옥수수 전분으로 만든 퇴비화 가능한 티백〉

8) 새로운 위험에 대처하는 경영자의 자세

COVID-19에 의한 자연적 위험과 국가간 무역마찰 확대로 인한 인위적 위험이 동시적으로 발생되고 있으며, 지속적이고 영향력 이 크게 나타나고 있다.

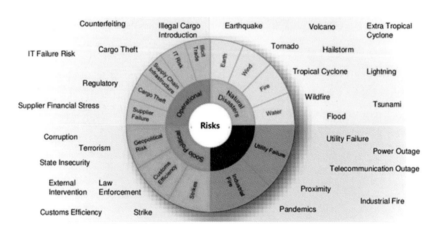

〈이미지 5-8-1 비즈니스에 대한 위험요인〉

비즈니스에 대한 위험요인은 크게 거시적(macro) 위험과 미시 적(micro) 위험으로 분류하고 있으며, COVID-19와 같은 거 시적 위험요인에 대한 대비책이 필요하다. 거시적 위험은 기업 에 부정적인 영향을 미칠 수 있는 요인들이며 자주 발생되지 않 는 상황이다. 거시적 위험의 대표적인 부분은 자연적 위험인 지 진, 기상재해와 인위적 위험인 전쟁, 테러, 정치적 불안으로 구분된다. 반면 미시적 위험은 회사의 내부 활동과 파트너와의 관계에서 직접적으로 발생되는 반복적인 이벤트를 의미한다. 거시적 위험은 미시적 위험에 비하여 기업에 보다 강력하게 부정적인 영향을 줄 수 있음으로 이에 대한 방안을 제시하고자 한다.

첫째, 제조원을 다양화해야 한다. COVID-19 가 발생된 후 지역적, 환경적 영향으로 확산속도가 상당히 급속하게 이루어 졌으며 결국 생산공장에 근무하는 생산자들까지 영향을 미치게 되었다. 외국인의 출입을 봉쇄되어 사태를 수습하고 방안을 마련할 여력 없이 생산과 제조를 위한 연결고리가 역할을 하지 못하게 되었다. 사례로 중국에 있는 수많은 제조사에서 다른 국가로의 공급이 불가능하고 국경폐쇄로 인하여 인적, 물적 교류가 제한됨에 따라 전혀 예상하지 못한 위험이 발생되었다. 이에 아세안10개국(필리핀, 말레이시아, 싱가포르, 인도네시아, 타이, 브루나이, 베트남, 라오스, 캄보디아) 중 물류와 제조 인프라가 가능한 국가를 대상으로 back-up 제조체계를 수립해야 한다. 최근에는 베트남, 인도네시아, 캄보디아 등으로 제조공장 다원화 경향이 발생되고 있다. 비교적 값싼 노동력을 중심으로 검토를 할 수 있으나, 유연한 근로시간 및 형태, 품질보장을 위한 관리체계, 언어적 유용성, 제도적 지원체계, 물류 인프라의 유연성 등을 복합적으로 고려하여 선택할 필요가 있다. 특히 다양화된 생산자로부터 발생되는 정보를 어떻게 하면 효율적으로 집약하고 관리할 것인가에 대한 부분은 IT기술을 적극적으로 활용해야 한다. 또한 생산성에 대한 지표를 명확히 하고 피드백이 가능한 구도를 만들어야 한다. 특히 여러 국가에 분산하여 관리하는 경우 각 국가들 간의 언어적 장벽과 문화적 차이를 극복할 수 있도록 시스템화에 좀 더 집중해야 한다. 추가적으로 생산 및 관리에 대한 표준을 사전에 규정하고 명확한 KPI(Key Performance Index)를 기반으로 상시 평가체제를 도입하여 품질관리 방안을 마련하는 것도 병행해야 한다. 국내생산의 경우에도 마찬가지로 COVID-19등 바이러스로 인하여 갑작스럽게 생산라인이 shut-down될 수 있는 리스크 방지를 위하여 지역적으로 분산할 필요가 있다. 최근에는 지자체에서 기업을 유치하기 위하여 많은 프로그램과 혜택을 부여함으로 이를 적극적으로 활용할 수 있도록 하자.

둘째, 고객/소비자의 변화를 이해해야 한다. 소매유통은 생산/상품소싱 관련된 부분과 소비 트랜드를 동시에 판독해야 하며 상호 연계성을 기반으로 단기적인 계획을 중심으로 중장기적 준비를 해야 한다. 특히 비대면 시대에 맞는 소비자 중심의 서비스 모델을 개발해야 하며 철저한 품질관리와 정직한 상품제공을 통하여 소비자로부터 신뢰를 지속적으로 쌓아야 한다. 물론 주변의 경쟁자들과 치열한 가격경쟁은 필수적인 요인이지만, 품질과 신뢰를 기반으로 꾸준히 소비자로부터 긍정적인 평가를 받아야 만 한다. 많은 제품을 저렴하게 판매하는 것도 중요하지만 이제 는 좋은 제품을 시장의 적합한 가격에 좋은 품질의 서비스를 포 함하는 것이 무엇보다도 중요하다.

PWC 삼일회계법인에서 발표한 "Global Consumer Insights Survey 2020, The Consumer Transformed : COVID-19 전 후의 소비자 행동변화"에서는 "만약 기업들이 외부 환경에 좌우 되지 않고 적극적으로 자신들의 미래를 재창조 한다면, 이러한 변화로 마주하게 될 세상이 소비자의 접점에서 어떠한 영향을 미칠지 이해할 필요가 있다"라고 하였다. 이는 기업의 변화가 소 비자에게 미치는 영향에 대한 관계성을 중요시한 부분이다. 또 한 "COVID-19에 의해 가속화된 소비자 행동변화 중 얼마나 많 은 것이 지속적인 관심을 끌지는 아무도 모르지만, 최근 소비자 조사에서 보면 투명성, 지속가능성, 위생, 공동체 생활 및 사회 적 의식에 대하여 시민들의 요구가 증가되고 있는 것으로 나타 나고 있다" 라고 하여 소비자로 하여금 투명성, 신뢰성이 강조되 어야 한다고 하였다.

셋째, 생산된 재고를 국가별, 지역별로 분산하고 정보통신 기술을 활용하여 정교하게 관리해야 한다. 재고를 분산 관리한다는 것은 상당한 리스크와 비용을 감수해야 한다. 물리적으로 분산된 재고가 정확한 시간에 지정된 장소로 이동하기 위해서는 거리, 이동시간, 이동방법, 지연시간 등을 정확하게 계산해야 한다. 물론 이 과정에서 발생되는 다양한 형태의 변수도 감안을 해야 한다. 또한 생산에서 재고를 분배하는 과정에도 최소의 비용이 발생될 수 있도록 재고수량, 시기를 조정해야 하며, 수요예측에 대한 정확도 관리도 필요하다. 또한 각 단계별로 발생되는 이동중 데이터에 대한 정합성이나 통관, 정산등을 고려해야 하며, 보관 및 이동 중 발생되는 손실에 대한 대응방안도 마련되어야 한다. 클라우드 서비스를 활용하여 분산된 데이터를 효율적으로 관리하고 각 종 데이터 분석과 AI(인공지능)기법을 활용하여 의사결정에 반영하고 있다. 또한 블록체인 기술을 활용하여 각 국가간 관세 혹은 은행과 연동되는 데이터에 대하여 신뢰성을 부여하고 이를 빠르게 처리할 수 있는 솔루션이 개발되고 있음으로 이를 적극적으로 활용해야 한다.

넷째, 안전관리 분야인 HSSE(Health Safety Security and Environment)를 강화해야 한다. 위험관리(Risk Management) 분야 에서는 점차적으로 안전관리에 대한 비중이 높아지고 있다. 특히 예상하지 못한 바이러스에 의한 부분은 확산범위와 영향도 측면에서 예상을 뛰어넘고 있음으로 집중 관리포인트에 포함해야 한다. 활용도가 증가되고 있는 빅데이터와 인공지능 등의 기법을 사용하여 생산성을 높이고 품질을 개선하려는 노력이 필요하다.

결국 제조원을 다양화하고 고객과 소비자 변화에 능동적으로 대응하며, 정보통신 기술을 이용하여 모든 상황을 정교하게 관리해야 한다. 또한 안전관리에 대한 관심을 증대하여 발생이 예상되는 위험요인으로부터 비즈니스를 최대한 방어할 수 있도록 준비하자. 부가적으로 공급망에 대한 거시적 관점을 재 해석하고 해외사례를 통하여 국내 환경에 현실적인 대응방안을 마련하도록 하자.(김병기 박사)

Epilogue

글로벌세상에서 살아가면서
한번도 경험하지 못한 것이 우리들의 생활로 다가와
쉽게 만나던 사람과 자유롭게 이용하던
공항과 해외이동이 제한적인 세상이 되었다.

이러한 상황에서 비즈니스의 경계선은 무너지고 새로운 패러다임의 시장으로 빠르게 변화해 가고 있다.

제조업 주도의 시장보다는 홈콕과 특정장소에서 주문하면 빠르고 안전하게 바로 앞에 갖다 주는 라스트마일의 세상이 되어가고 있다. 소비자 중심인 온디맨드 지향의 세상에 국내외의 이동은 아직도 제한적이지만 주문하면 전세계 어디서든 해상과 항공으로 물동량은 빠르게 움직이는 세상으로 변해 간다.

본서는 유통과 물류, 마케팅, 전자상거래, 모바일, 글로벌 분야에서 20년 이상 경험하고 진행하면서 해외활동으로 미국, 유럽, 중국, 일본, 아세안 시장과 러시아까지 해외생활도 경험해 온 서용구, 조철휘, 이상엽, 김병기 4인의 저자들이 구성하여 다양한 내용으로 만들었고 앞으로 계속 진행될 세상으로 나가는 미래 방향도 제시하고 있다.

4명의 저자는 올해로 25주년을 맞이하는 한국유통포럼(KRF)의 멤버들이고 본인은 현재 포럼의 회장을 맡고 있어 한국유통포럼 편저로 책출판을 앞두고 다양한 방향으로 미팅한 결과, 국내외 경험과 미래 정보를 예측하여 빅블러 유통 물류 글로벌 미래비전 5개로 분류하였으니 여러분들은 알기 쉽게 정보를 습득하고 이해하는 데 도움이 되기를 바라고 있습니다.

꿈과 도전은 멈추지 않고 계속되는 한 이루어진다고 합니다. 위드 코로나 시대에 독자 여러분들이 항상 건강하시길 기원하면서 본서가 도움이 된다면 감사하겠습니다.

2021년 6월

한국유통포럼 회장 **조철휘**

저자소개

서용구 교수 경영학 박사

panmago.com/490/YGS/t

약 력	– 숙명여자대학교 경영전문대학원 원장 – 前 한국유통학회 회장 – 영국 맨체스터경영대학원 방문교수 – 국가브랜드위원회 자문위원 – 숙명여자대학교 경영학부 교수
학 력	– 옥스퍼드대학교 대학원 경영학 박사 – 서울대학교 대학원 경영학 석사
저 서 (총 24 건)	– 브랜드 마케팅(4판)(양장본 HardCover), 2020.02.20. – 유통원론 (마켓 4.0 시대의), 2019.02.25. – 불사조기업 (불황에 더 잘나가는) 2017.10.20. – 유통원론 2015.09.03. – 브랜드 마케팅 2015.03.02. 外 다수

이상엽 책사 판마고 책사

panmago.com/75/leesangyup/t

약 력	– (주)코알라이앤엠 대표, (주)CEOum 대표 – (사)한국강소기업협회 상임이사, 사무국장(편집인) – (사)한국수입협회 부위원장, 연수위원 – 한국유통포럼 사무국장 – (前) 삼성전자 러시아 경영혁신그룹 수석 컨설턴트 2012~2015 – (前) 이랜드리테일, 부지점장, 인사, 마케팅, 팀장 2000~2012
학 력 과 수 상	– 한양대 MBA 석사, 생산서비스경영 졸 – 2020년 산업통상자원부장관 표창 – 2014년 한국창업지도사협회 대한민국 창의력 공모대전 협회장상
저 서 와 특 허	– 자영업 트렌드 2018, 2017.11.27 – 인공지능 마케팅, 2016.04.25 – 모바일 마케팅 위력, 2012.11.07 – 특허 : 특허증_복수 임대관리 시스템, 판매 지원 마케팅 시스템 등 25건 등록(해외포함, 50여건 출원)

조철휘 회장 유통학 박사

panmago.com/277/cheolhwicho/t

약 력	– K&J글로벌컨설팅 대표 / 한국유통포럼 회장 – 아주대대학원 물류 SCM 학과 겸임 교수 (2012년~현재) 　前 단국대 대학원, 한양대 대학원 전문교수 – 국토교통부 심의위원, 前 지경부 핵심자문위원 – 한국SCM학회이사, 한국 로지스틱스 학회 이사 – 유튜버 (조철휘 박사의 통통통) (2019년~현재) * 글로벌시장에서 유통 물류 글로벌전문가로 30여년간 활동하고 있으며 유통 물류 　마케팅 국제분야 등에 칼럼과 연재 500편에 국내외 초청강연 2,000회 이상, 국내 　외 컨설팅과 자(고)문 300개이상 기업에 들어가 추진함
학 력 과 수 상	– 주오대 대학원 석사/ 박사과정 졸업(유통학박사) – 박사학위 논문으로 총장상 수상 – 국토교통부 장관상(2010년)을 수상
저 서 와 연 구	– 스마트물류유통 온라인강좌(12강), 멀티캠퍼스 /2019년12월 – 중소유통경쟁력 강화위한 도매물류시스템 개선방안 공저, 산업연구원, 2014년 – 한국유통의 흐름과 이해 한국유통포럼 편저(2012) – 화물운송사업 성공전략, 감수(2008년) 그 외 일본과 한국의 정부, 협회, 대학, 단체 등 자문연구보고서 50여편 제공

 김병기 박사 공학박사

panmago.com/491/KBK/t

약 력	– 씨에스개발컨설팅　　　　　– 이앤씨지엘에스 – 이베이코리아　　　　　　　– 신세계아이앤씨 – 에스넷시스템
학 력	– 명지대학교 산업경영공학 박사 – 성균관대학교 전기전자 및 컴퓨터공학과 박사수료 – 성균관대학교 전기전자 및 컴퓨터공학과 석사
활 동	– NCS(국가직무표준) 스마트물류 개발위원 – 세종사이버대학교 유통물류학과 겸임교수 – 한국생산성본부 강사

빅블러 시대
유통 물류 글로벌 미래비전

초판 1쇄 인쇄 2021년 07월 01일
초판 2쇄 발행 2022년 10월 15일

지은이 김병기, 서용구, 이상엽, 조철휘
발행인 이낙용
펴낸곳 도서출판 범한

등록 1995년 10. 12. (제2-2056)
주소 10579 경기 고양시 덕양구 통일로 374 101동 1301호
전화 (031)976-6195, 팩스 (02)6008-9167
메일 bumhanp@hanmail.net
홈페이지 www.bumhanp.com

ISBN 979-11-5596-194-0 [93320]
정가 18,000원